KB012423

행복이라는 환상

The Happiness Fantasy (1st edition)
by **Carl Cederström**

The

Happiness

Fantasy

행복이라는 환상

The Happiness Fantasy

칼 세데르스트룀 지음 | 이종삼 옮김

추천사

●●●

칼 세데르스트룀의 이 책은 설득력 있는 명료함, 재치와 지혜로운 접근으로, 개인적인 행복 추구를 끊임없이 부추기는 무력한 환상을 헤쳐 나가고, 그것을 대신해 삶과 그 변천에 단연 풍부하고, 더 배려심 많은 포용을 제시합니다.

『급진적인 행복(Radical Happiness)』의 저자 **린 시걸**(Lynne Segal)

●●●

칼 세데르스트룀은 이 생동감 넘치고 통렬한 책에서 행복에 대한 특정한 정신분석학적 이상이 우리를 어떻게 빨아들이며, 완전한 성취를 약속하지만 결국에는 우리를 거짓에 가두는 흥미진진한 역사를 보여줍니다.

윌 데이비스(Will Davies, 골드스미스 런던 대학교)

●●●

멋진 작품입니다. **사이먼 크리첼리**(Simon Critchley, 새 사회연구학교)

●●●

요즘 행복은 큰 사업이며, 큰 정치이기도 합니다. 그러나 세데르스트룀은 신랄하고 매력적인 이 책에서 재치와 꼭 필요한 회의주의를 결합해 행복의 세계에서 모든 것이 미소만 띠게 하지는 않는다는 것을 보여줍니다.

『행복: 역사(Happiness: A History)』의 저자 **대린 맥마흔**(Darrin M. McMahon)

●●●

쾌락은 1960년대 해방 운동의 중심에 있었지만, 이제는 끊임없는 소비라는 자본주의 논리에 의해 새로운 형태의 이념과 횡포로 변했습니다. 우리의 잠재력을 실현하기 위해 필수적인 요소인 행복한 자아는 환상일 뿐 아니라 다양한 회사, 오르가슴 강습, 약물, 치료 등의 배후에 있는 충동이기도 합니다. 세데르스트룀의 『행복이라는 환상』은 우리 문화 중심부에 녹아든 환상에 대해 잘 써 내려간, 생기 넘치는 비판적인 책입니다.

에바 일루즈(Eva Illouz, 예루살렘 히브리 대학교)

차례

서론

1장 빌헬름 라이히와 함께 침대에서

2장 강박적 나르시시즘

3장 행복 주식회사

4장 행복감 높이기

5장 즐거운 남자들

결론

서론

판사

당신들이 꼭 하고 싶은 게 무엇입니까?

헤븐리 블루스

음, 우리는 자유로워지고 싶습니다.

우리는 자유롭게 우리가 하고 싶은 일을 하고 싶습니다.

〈야생의 천사들(The Wild Angels)〉(1966) 중에서

행복이라는 환상: 부고장

우리가 염원하고 갈망해 마지않는 것에 대한 표현인 '행복이라는 환상'은 좋은 삶에 대한, 공유된 환상이다. 그것은 다른 모든 환상처럼 행복한 삶에 대한 일종의 길잡이 역할을 하는 일련의 도덕적 가치와 함께하며, 그 본질은 시간과 공간에 따라 변화한다. 고대 그리스인들에게 궁극의 행복이라는 환상은 조용하고 평온한 사색적인 삶이었다. 하지만 그 경지에 이르기는 쉽지 않았다. 자신을 이겨내야 하고, 인간 본연의 평범한 조건을 초월해야 하며, 온갖 도덕적인 능력을 길러야 했다.

이 지면에서 내가 다룰 행복이라는 환상은 거의 한 세기 동안 부유한 서방 세계를 지배해 온 환상이다. 그것은 행복해지는 유일한 길인, 인간으로서의 잠재력을 최대한 발휘하는 자기실현의 환상이다. 그것은 당신이 다른 사람의 삶이 아닌 **당신의** 삶을 살아야 한다고 요구하는, 진정한 정신으로 살아가는 환상이다. 그것은 쾌락의 형태로 행복을 추구하는 환상이며, 그로 인해 가장 기본적인 일상

활동이 잠재적인 기쁨의 순간들이 된다. 그리고 그것은 자신의 브랜드를 개발하고, 경쟁 우위를 확보하기 위해 열심히 노력하며, 시장에 자신을 종속시키는 환상이다.

한마디로 이 환상은 시장 자원으로서 그리고 인간으로서 진정한 내적 잠재력을 실현하려는 환상이다. 이 행복이라는 환상은 1920년대에 하나의 구상으로 등장해 1960년대에 절정에 이르렀다가 2016년 11월 9일 이른 시간에 확실한 종말을 맞았다.

그날 새벽 3시 직전, 도널드 트럼프는 뉴욕시 맨해튼의 힐튼 연회장 무대 옆쪽에서 에어포스원의 사운드트랙으로 천천히 계단을 걸어 내려와 환호하는 청중에게 두 엄지손가락을 치켜들며 이렇게 연설했다.

> 우리는 힘을 합쳐 함께 일을 해야 할 것입니다. 우선 산적한 현안을 해결하고 미국을 다시 부강한 국가로 재건하고 아메리칸 드림을 실현해야 할 것입니다. 나는 일평생 기업가로 살아왔습니다. 그리고 기업가로 활동하면서 미국에 얼마나 **미개발 잠재력**이 있는지 두 눈으로 목격했습니다.

그날 아침, 대학으로 출근하던 길에 내 머릿속에 **미개발 잠재력**이라는 두 낱말이 쟁쟁 울리며, 한동안 마음속을 떠나지 않았다. 나는 지난번 강의에서 인간 잠재력 회복 운동에 관해 이야기하며, 1960년대에 사람들이 자신의 진정한 잠재력에 도달하기 위해 자신의 진실하지 않은 자아층을 벗겨내려는 한 가지 방법으로 비명을 지르고 외치는 세미나 교육 영상들을 보여주었다.

이 영상들은 1962년에 문을 연 캘리포니아 에설런 수련원Esalen Institute에서 촬영한 것이다. 1960년대 내내 에설런 수련원은 내면의 존재를 탐구하려는 사람들이 찾는 곳이었다. 환각성 약물과 동양의 신비주의는 현대 심리학과 접목해 인간의 자아를 확대하고 발전시키는 새로운 방법이 시도되었다. 첫 학기 주제는 '인간 잠재력'이었다. 이것은 올더스 헉슬리Aldous Huxley(1894~1963)가 2년 전에 열린 한 강연회에 참석한 후 주최 측의 한 인사에게 이야기한 견해였는데, 이른바 모든 사람이 서로 다르다는 사실을 인식하고 모든 사람의 잠재력을 실현할 수 있는 방법을 찾아야 할 필요성을 극구 강조하는 것이었다.[1]

헉슬리와는 대조적으로 트럼프는 인간의 차이에 관심을 가져본 적이 전혀 없다. 그의 여성들은 그의 남성들이나 마찬가지로 보인다. 그는 인간 잠재력 회복 운동의 반권위주의적 정신을 공유하지 않을 뿐 아니라 독재자처럼 말하고 행동한다. 트럼프가 취임한 후 지난 한 해 동안, 그는 미국에 입국하려는 대부분의 이슬람 국가 국민을 대상으로 미국 입국을 금지하고 성소수자LGBT의 권리를 억압

하고 백인우월주의자들을 노골적으로 지원하는 조치를 단행했다.

내가 읽은 책에서는 인간 잠재력에 대한 견해가 비단 아메리칸 드림뿐 아니라 지난 세기 서구를 풍미한 행복에 대한 또 다른 시각을 반영하며, 모든 사람이 자신의 삶을 통제할 수 있고 자신의 잠재력을 실현할 수 있다는 낙관적인 제안을 한다. 나는 이 책의 제목처럼 이것이 바로 일종의 환상이라고 주장한다. 그러나 여기서 말하는 '환상'은 행복에 대한 시각이 비현실적이라는 의미는 아니다. 오히려 그것이 사람들의 감정을 동원하고, 나아가 그들이 좋은 삶을 마음속에 그리는 방식이 되는 한 매우 현실적인 환상이다.

이 책의 주제는 1960년대 반체제 운동에서 널리 인기를 끌었던 행복이라는 환상이다. 그것은 보수적인 가치관, 부의 축적, 지배와 폭력에 기초한 사회에 맞서 다른 세계를 꿈꾼 것인데, 반세기가 지난 지금 이 환상은 완전히 다른 형태를 띠고 있다. 즉, 이제 자본주의의 대안으로가 아니라 자본주의에 통합된 부분으로 제기된다. 그것은 더는 지배에 반대하지 않고, 지배의 일부가 되었다.

제니 디스키Jenny Diski(1947~2016, 영국의 작가)•는 그녀의 저서 『1960년대The Sixties』에서 "우리는 광적인 개인주의와 이익을 신

• 각주와 인물 뒤에 붙인 괄호 속 설명은 옮긴이가 독자들의 이해를 돕기 위해 넣은 것이다.

성시하는 새로운 세계가 오고 있음을 알지 못했다"[2]라고 했으며, 1960년대는 "개성을 추구하고 20세기 중반의 막다른 현실에 불편해하며 반항하는, 충동의 시기였다"[3]라고 썼다. 그 후 디스키와 그녀의 친구들이 미처 의식할 틈도 없이, 마거릿 대처(1935~2013)와 로널드 레이건(1911~2004)이 나와서 디스키와 그녀의 친구들이 선호하는 리버티liberty, 퍼미션permission, 프리덤freedom이라는 말을 훔쳐 자신들의 우익정치 의제에 적합하게 그 의미를 왜곡해 사용했다.

그들은 현재 그 단어들의 의미가 얼마나 달라졌는지 정확히 깨닫지 못했다. 헉슬리가 이 개념을 처음 표명한 지 50년이 지난 그날 아침 트럼프가 인간의 잠재력에 대해 이야기하는 것을 들으면서, 나는 이 환상이라는 말이 공식적으로 사장되었다고 생각할 수밖에 없었다.

그런 의미에서 이 책은 일종의 부고장이다.

행복: 도덕적 환상

우리가 행복에 관해 이야기할 때, 우리는 좋은 삶의 본보기로 제시된 환상, 더 구체적으로 말해 도덕적인 환상에 관해 이야기하는 것처럼 보인다. 이런 주장은, 행복이 존재하는 것인지 또는 그렇지 않은 것인지에 대한 개념적 서술에 적용할 때는 조금 이상하게 보일 수도 있다. 그러나 우리가 행복을 역사적으로 검토할 때는 더 많은 의미가 생겨난다. 오늘날 우리가 부유한 서구의 생활을 행복한 삶으로 여기든 그렇지 않든 간에 그것이 과거에 생각했던 것과는 전혀 다른 어떤 것이라는 점은 분명하다.

역사가 대린 맥마흔Darrin M. McMahon(1965~)은 그의 책 『행복: 역사Happiness: A History』에서 고대 그리스에 사용한 행복에 관한 많은 어구에서 볼 수 있는 것처럼 서구 문명의 탄생으로까지 거슬러 올라가는 그 개념이 시간이 지남에 따라 어떻게 표현되고 수용되었는지 설명한다.[4]

그 주제에 처음으로 지대한 관심을 보인 사람 중 하나인 아리스토텔레스는 행복의 구성 요소 중 하나로 '어진 사람good person'을 꼽았다. 고대 그리스인들이 에우다에모니아eudaemonia라고 했던 행복한 삶은 도덕적으로 살고, 이성에 따라 행동하며, 자신의 덕목을 연마하는 데 최선을 다하는 삶이었다. 뒤이어 등장한 에피쿠로스학파Epicureans는 행복을 쾌락에 연계시킨다. 그들은 좋은 삶이란, 무엇이든 쾌락을 가져다주는 것이어야 한다고 주장했다. 그러나 그들은 단순한 쾌락주의자들인 헤도니스트hedonist가 아니었고, 엄격한 욕망의 규제를 설파했다. 에피쿠로스Epicurus(342?~270 B.C.) 자신은 행복하기 위해 마자maza•와 마실 물 외에는 필요하지 않다고 말했다.

• 고대 그리스의 보리빵을 말한다.

스토아학파는 비록 삶의 상황이 매우 힘들고 고통스러울지라도 사람은 행복할 수 있는 역량이 있다고 주장하면서 쾌락을 높이 평가하지 않았다. 그보다 훨씬 늦은 시기인 중세 내내 설파되고 실천된 기독교는 쾌락을 완전히 배제하고 고통을 더 훌륭한 행로로 간주했으며, 비록 현세에서 행복한 삶을 살지 못하더라도 사후 세계에서 일종의 신성과의 결합을 성취할 수 있다고 했다. 그런 바람직한 상태는 이승의 삶에서 얻을 수 없으며, 천국에서 신의 선물로만 얻을 수 있다는 것이다.

그러나 르네상스는 천국에서 지상으로 행복을 가져왔다. 계몽주의 시대에 이르러서야 비로소 모든 사람이 추구하고 달성할 수 있는 권리를 갖게 되었다. 토머스 제퍼슨Thomas Jefferson(1743~1826)이 미국 독립선언서에 행복 추구는 양도할 수 없는 권리라고 썼을 때, 그는 인간이 쾌락을 추구해야 한다고 말하려 한 것이 아니라 재산을 취득하고 소유할 권리가 있어야 한다고 말한 것이다.

부유한 서구에서 오늘날 우리가 높이 평가하는 것은 그 자체로 또렷한 특징이 있다.

신성과의 결합을 이루기 위해 자신을 포기하는 기독교의 메시지와는 달리, 우리는 이제 우리 자신과의 결합을 추구해야 한다. 진정성과 나르시시즘을 기리는 시대에 행복하기 위해서는 우리의 진정한 내적 자아를 드러내고, 더 깊은 감정과 소통하고, 스스로 정한 길을 따라가야 한다.

우리는 또한 금욕적인 에피쿠로스학파와도 거리가 멀다. 오늘날과 같은 향락주의적hedonistic인 소비문화 속에 우리는 마자나 마실 물보다 더 많은 것을 원한다. 행복해지려면 음식, 파티, 휴식 또는 섹스를 통해 즐거움을 최적화해야 한다.

그리고 일하기 싫어한 고대 그리스인들과는 달리 우리는 일을 통해, 그리고 생산적으로 일함으로써 행복을 찾는다고 가정한다. 우리는 우리의 시장가치를 조정하고, 기업을 관리하듯 자신을 관리하고 기업가 정신에 따라 살아야 한다. 실직보다 더 큰 죄가 없고 나태보다 더 경멸받는 악덕이 없을 때, 열심히 일하고 올바른 태도를 취하며 자기계발을 위해 투쟁하는 사람들에게만 행복이 찾아온다.

이러한 것들이 오늘날 행복을 떠받치고 있는 것처럼 보이는 도덕적 가치 중 일부이다. 참되고 즐겁게 살며, 생산적이어야 한다. 그리고 가장 중요한 것은 당신의 운명은 당연히 당신 자신의 손에 달렸기 때문에 이러한 목표를 달성하기 위해 다른 사람들에게 의존하지 말아야 한다.

이것은 인기 있는 메시지로, 계속 그래왔다. 실업자와 가난한 사람들이 자신이 겪는 불행이 삶에 대해 주인의식을 갖지 못한 열등한 태도와 무능함에서 비롯된 증상이라고 믿도록 주입되었다. 그것들은 그들이 충분할 만큼 열심히 일하지 않았다는 점을 떠올리게 한다.

1960년대의 약속에 무슨 일이 있었던 것일까?

이러한 도덕적 가치들은 20세기 이후 서구 문화에 심대한 영향을 끼쳤다. 이 가치들이 우리가 행복에 대해 생각하는 방식을, 그리고 또한 우리의 삶을 이끌어가는 방법을 만들어냈다. 1950년대와 1960년대에 자아실현이 바람직한 개념으로 보이기 시작했을 때, 그것에 쉽게 매력을 느꼈다. 프로이트 학설에서 말하는 불행의 우울한 날들이 사라졌다. 마침내 사람들은 어떻게 살아야 한다는 누군가의 강요에 순응하지 않아도 되었다. 1966년에 상연된 영화 〈야생의 천사들〉에 그려진 것처럼 안정감과 따분함은 기동성과 모험으로 전환될 수 있었다. 피터 폰다가 연기한 반항적인 오토바이광 헤븐리 블루스와 오토바이광인 갱 친구들에게 판사가 무엇을 하길 원하는지 물었을 때, 그는 "음, 우리는 자유로워지고 싶습니다. 우리는 자유롭게 우리가 하고 싶은 일을 하고 싶습니다"라고 대답한다. 그러고는 뒤편에서 환호하는 오토바이 친구들을 대신해 이렇게 덧붙인다. "그리고요, 우리는 이렇게 오토바이를 타고 멋진 시간을 보내고 싶습니다. 그게 우리가 하려는 일들이랍니다. 우리는 곧 파티도 열 겁니다."

이전 시기에 비도덕적이라고 지탄받았던 삶의 방식이 1960년대에는 대부분 수용되었지만, 일부 보수주의자들 사이에서는 여전히 의심의 대상이 되었다. 존 레넌과 그의 아내 오노 요코가 1969년 베트남전쟁에 항의하며 호텔 침대에서 2주 동안 지냈을 때 그들을 조롱하는 기사를 써 유명해진 한 도도한 미국 기자도 마찬가지였다. 만인의 대변인 레넌의 주장에 경멸조로 반응한 그 기자는 "당신이 대표하는 인종이 무엇이든, 나는 거기에 속하지 않는다"라며 비웃었다.

레넌과 오노 요코가 침대에서 펼친 평화와 행복의 꿈은 1960년대 혁명의 상징적인 이미지로 남아 있다. 진정성과 성욕의 이중 추구를 선하고 평화로운 삶의 공통된 억제 속으로 녹아들게 한 시기였다.

그러나 지난 반세기 동안 이 행복이라는 환상을 유지하기가 점점 더 어려워졌다. 부모님이나 지역공동체가 미리 정해놓은 삶과는 대조적인 삶을 추구하는 꿈은 항상 이동성이라는 꿈과 밀접히 관련된다. 설사 더 확실한 삶을 향한 길을 걷는 것이 허용된다 해도, 그가 현재 유지하고 있는 불확실한 삶에서 벗어날 수 없다면 행복이라는 환상을 유지하기가 매우 어려워지는 것이다. 그런데 오늘날에는 사회적 또는 지리적으로 이동할 만큼 경제적 여유를 가진 사람들이 매우 적다. 2015년 보고서에 따르면 전체 미국인의 4분의 3은 아메리칸 드림이 쇠퇴하고 있다고 믿고 있었다. 미국인의 3분의 1 정도가 2009년과 2011년 사이에 적어도 2개월을 가난하게 살았다는 사실을 고려하면 그리 놀라운 것이 아니다. 2015년에 실시한 퓨리서치센터의 한 설문조사에서 가난에 직면하면 안정성이 이동성보다 더 중요시되며, 전체 미국인의 92퍼센트가 이동성보다 안정성을 선호한다는 결과가 나왔다.

쾌락주의와 관련해서도 비슷한 변화를 지적할 수 있다. 검소와 절약이 도덕적으로 평가를 받던 20세기 초반에는 아마도 즐기는 데 몰두하기가 매우 어려웠을 것이다. 그러나 오늘날 우리가 경험하는 종류의 소비사회에서 즐거움의 추구는 문화적 규범이다. 미국의 사회학자 대니얼 벨Daniel Bell(1919~2011)은 1976년에 삶의 한 방식으로서의 쾌락의 개념인 향락주의는 자본주의 사회에서 문화적·도덕적으로 정당성이 있다고 서술했다.[5] 그렇다고 우리가 갑자기 더 즐거운 삶을 살아가고 있다는 의미는 아니다. 사회이론가 마크 피셔Mark Fisher(1968~2017)는, 오늘날 문제가 되는 것은 즐거움을 얻지 못하는 무능이 아니라 "즐거움을 추구하는 것 외에는 아무것도 하지 못하는 무능"이라고 했다.[6]

많은 사람이 다음 급여를 언제, 어디에서 받게 될지 알 수 없는 불안정한 노동구조 속에서, 특히 지금은 노동이 자아실현에 이르는 길이라는 뿌리 깊은 믿음에 의문을 제기할 충분한 이유가 또한 있는 것이다. 사무실을 더 행복한 장소로 만들려고 하는 시도가, 만약 직원들의 요구 사항에 대한 신중한 경청을 의미하는 것이라면 그 자체로 문제될 것이 없다. 사람들이 의미 있는 일자리를 원하는 것은, 그들이 그 일자리로 생계를 유지할 수 있는 한 전혀 잘못된 일이 아니다. 음악을 일로 간주하지 않았던 존 레넌의 경우처럼, 자기가 원하는 것을 마음대로 할 수 있을 정도로 운이 좋다면 일과 삶 사이의 경계를 허무는 것이 반드시 나쁜 것은 아니다. 그러나 직장에서의 행복이 필수 불가결해지면서 오늘날 우리는 완전히 다른 어떤 것을 경험하고 있다. 서비스 종사자들은 고객을 맞을 때 진지한 태도로 미소를 지어야 한다. 그렇게 하지 않으면, 영국의 패스트푸드 체인 프레타망제Pret a Manger의 한 종업원의 운명과 마찬가지로 직장을 잃을 수도 있다.[7] "당신이 좋아하는 일을 하라"는 시대에 졸업생들은 멋진 브랜드명이 붙은 흥미진진한 회사의 인턴이 될 기회를 얻는 데 감사해야 하며, 따라서 아무런 보수 없이 장시간 해야 하는 무의미한 근로를 받아들여야 한다. 종종 일과 삶의 경계가 흐려지는 경우가 있는데, 이는 자아실현이 아니라 근무 시간이 끝난 후 이메일에 많은 시간을 들인다는 의미다.

우리는 미국과 영국 모두에서 사회적 이동성 정도가 놀라울 만큼 낮다는 것을 알고 있다. 그러나 모든 사람이 배경과 처지에 상관없이 긍정적인 사고의 힘을 통해 삶을 변화시킬 수 있다는 망상적 개념은 도널드 트럼프를 비롯해 여러 유력 정치인들이 장려하는 강한 확신으로 이어진다.

잔인하고 위협적인 교리

누구나 자신의 내적 잠재력을 발휘할 수 있다는 낙관적인 개념에 근거해 1960년대에 미국에서 꽃피웠던 행복이라는 환상은 이제는 현대 자본주의의 구조적 불평등을 지속하고 일반화하기 위해 전략적으로 채택하는 잔인하고 위협적인 교리로 바뀌었다. 이것은 '물병자리 시대Age of Aquarius'•에 모든 것이 다 장밋빛은 아님을 말해주는 것이다. 조앤 디디언Joan Didion(1934~, 미국의 소설가)의 에세이 「베들레헴을 향해 몸 굽히기Slouching Towards Bethlehem」가 그런 모든 신화를 잠재운다. 디디언은 1967년 늦봄 샌프란시스코에 갔을 때, 그녀는 그곳이 '용기 있는 희망'과 '국가적인 약속'을 주는 곳이 아니라 도시에서 도시로 표류하는 청소년, 사라지는 가족, 다섯 살짜리 딸에게 페요테peyote••와 LSD를 주는 엄마들이 있는 혼란한 곳임을 알게 된다.[8] 히피족 시대와 비슷한 어두운 묘사는 최근 덴마크의 공동체 크리스티아니아Christiania에 관한 텔레비전 다큐멘터리에서 발견된다. 이 다큐멘터리는 부모님들이 마약에 취해 환각 상태에 있는 동안 제

• 1960년대에 시작해 2000년간 지속된다는 새로운 자유의 시대로서 어떤 것으로도 채워지지 않는 인간의 정신적 갈증을 충분히 채울 수 있는 물병으로 상징되며, 인간 영혼의 참 자유를 단적으로 표현해 주는 때라는 것이다(네이버).

•• 페요테 선인장에서 채취한 마약을 일컫는다.

멋대로 하게끔 방치된 아이들의 시각으로 이야기를 한다. 나는 환상과 현실이 완벽하게 양립할 수 있었다고 주장하면서 1960년대를 낭만적으로 그리고 싶지 않다. 여기서 나의 관심을 끄는 것은 이 행복이라는 환상의 변화이다. 가부장적 제도와 자본주의의 착취에 대한 저항으로 1960년대를 풍미했던 개인의 자유와 성적 자유에 대한 개념이 왜 그렇게 극적인 변화를 겪었는지 우리가 어떻게 설명할 수 있겠는가? 이러한 가치가 제일 먼저 희석되었든 그렇지 않든 간에, 그것들이 기업의 슬로건으로 재포장되어 대상자들을 착취로 끌어들이는 수사학적 기법으로 사용되었다.

이 환상이라는 것이 무엇이 되었는지를 설명하기 위해 우리는 도널드 트럼프를 예로 들면 된다. 진실하고, 성적으로 자유롭고, 창조적인 작업에서 왕성하게 활약한 존 레넌 같은 사람이 1960년대 행복이라는 환상의 꿈같은 특징을 상징한다면, 도널드 트럼프는 오늘날의 악몽 같은 품성을 전형적으로 보여준다. 모든 중요한 측면에서 레넌과는 다르지만, 그럼에도 트럼프는 꼭 그 같은 특성을 보여주고 있다. 그는 다른 사람들의 말이나 생각에 지나치게 주의를 기울이지 않고 자신의 길을 정한다는 의미에서 진정성이 있다. 그는 쾌락주의의 산물이며, 젊은 모델들과 지방이 많은 패스트푸드에 대한 애정을 숨기려 하지 않는다. 그리고 그는 밤에 4시간 이상 자지 않는 것을 뽐내는 자존심 강한 일 중독자다.

행복이라는 환상의 간략한 역사

비록 행복이라는 환상이 1960년대에 정점에 이르렀지만, 이야기는 그보다 더 거슬러 올라간다. 오스트리아의 정신분석가 빌헬름 라이히 Wilhelm Reich(1897~1957)와 지그문트 프로이트(1856~1939)가 1920년대 초 빈에서 처음 만났을 때, 프로이트에게 강한 인상을 준 성적 충동에 대한 라이히의 파격적인 해석에서 시작한다.[9] 라이히는 곧 프로이트 핵심 서클의 최연소 회원으로 소개된다. 그러나 불과 몇 년 후 라이히의 이론과 실천이 더욱 기이한 성性 이론으로 바뀌자 그는 동료 정신분석가들에게 그다지 인기를 얻지 못해 서클의 주변부로 밀려났으며, 결국 몇 년간의 논쟁 끝에, 빈 및 베를린 정신분석학회와 국제정신분석협회에서 축출된다. 라이히의 이 이야기가 흥미로운 이유는 그가 성적 쾌락의 본질에 도덕률을 결합한, 행복에 관한 특이하지만 뚜렷한 비전을 제시했기 때문이다. 그것은 성적 억압을 넘어서는 행복에 대한 환상이었다. 더 구체적으로 말하자면, 그것은 솔직하게 도덕적 환상이었다. 라이히에 따르면 당신이 건강한지 아닌지를 결정하는 것은 그가 말한, 완전한 오르가슴에 도달하는 능력이기 때문이다.

라이히는 행복을 진정성에 연결한 최초의 인물은 아니다. 장자크 루소(1712~1778)부터 예나Jena 낭만주의자들•을 거쳐 랠프 왈도 에머슨(1803~1882)과 헨리 데이비드 소로 Henry David Thoreau(1817~

1862) 등 미국 선험론자들에 이르기까지 이 분야의 일련의 선도자들을 생각할 수 있다. 라이히는 행복과 성적 쾌락을 연결한 최초의 인물도 아니었다. 그들 중 한 사람인 마르키 드 사드Marquis de Sade(1740~1814) 후작은 성생활과 쾌락이 행복과 개인의 자유를 위한 토대를 만든다고 주장했다. 그러나 그렇다고 하더라도 라이히는 이 두 이상을 하나로 모아 행복이라는 환상 혹은 그가 '성적 행복'이라고 즐겨 부르던 그 형태로 표현한 최초의 인물이다.

라이히가 사망한 지 몇 년 후, 그의 사상은 점점 늘어나는 캘리포니아 보헤미안 무리의, 그리고 그 무렵 시작되고 있던 반체제 운동의 중심 사상이 되었다. 1960년대 말경 대서양 양안 출신의 젊은이들이 억압적인 국가 기구들에 반기를 들면서 라이히의 이름과 사상을 불러냈다. 그리고 그때부터 차츰 라이히의 사상에 기초한 자기 변혁 수련센터가 생기기 시작했다.

그 후 수십 년 동안 이러한 수련센터의 활동은 미국과 그 밖의 여러 나라에서 수십만 명의 사람들을 끌어 모으는 대규모 현상으로 발전한다. 이런 장소에서 판매되고 사람들이 그것에 접근하고 싶어 했던 행복이라는 환상은 라이히가 수십 년 전에 표현했던 것과 같은 성적 및 실존적인 해방에 대한 환상이었다.

• 독일 낭만주의 문학 제1기 시인들을 말한다.

나는 이 이야기에서 결정적인 시기는 이런 수련센터 상당수가 상업적 접근 방식을 개발하기 시작한 1970년대 중반이라고 주장한다. 당시 사람들은 이 수련센터에 가서 1960년대 초반의 경우와 유사하게 그들 자신을 다양한 실험 기법의 대상으로 삼았을 테지만, 이제는 더 훌륭하고 성공하는 전문가가 될 수 있다는 희망으로 그곳을 찾아갈 것이다. 처음에는 자기 변혁에 초점을 맞췄던 인간 잠재력 운동이 이 무렵에는 더욱 상업적인 성격을 띠게 되었다. 자아실현은 그 자체로 끝나는 것이 아니라 물질적으로 더 풍요롭고, 전문 분야에서 더 성공할 수 있는 효과적인 수단이 되었다. 요컨대 시장에 더 잘 적응하려는 전략이었다. 기업들은 1980년대와 1990년대에 강력한 기업문화를 개발하기 시작해 차츰 영감을 얻기 위한 인간 잠재력 운동으로 전환해 갔다. 대기업들은 직원들이 업무에 더욱 전념할 수 있는 전례 없는 기회라는 사실을 깨닫게 되자 인간의 잠재력에 대한 선전 구호를 기업문화에 통합하기 시작했으며, 심지어 이 표현들을 사용해 기업 강령을 만들기도 했다.

이 책에서 나의 관심사는 본래 사회에 대한 항의로 고안된 이 특별한 행복이라는 환상이 어떻게 기업문화와 전반적인 심리치료 및 제약製藥 담론과 함께 채택되고 통합되었는가 하는 문제이다. 우리는 풍요와 충만으로 정의되던 시대에 등장한 자기실현과 자기계발 개념이 불안정한 상태와 내핍 상태로 정의되는 시대인 오늘날에도 여전히 수용되는 이유를 어떻게 설명할 수 있을까? 그리고 마지막으로, 이 행복이라는 환상이 더는 의미 있는 역할을 하지 않는다면, 그 대안은 무엇일까?

이러한 것들이 이 책의 각 부분에서 내가 다루고자 하는 문제들이다. 나는 급진적인 성향의 정신분석가 빌헬름 라이히로부터 이야기를 시작한다. 그의 사상은 1960년대에 전통과 보수적인 가치, 특히 성적 해방 및 개인 해방에 대한 저항에 중대한 영향을 끼쳤다. 내 주장은 좋은 삶에 대한 우리의 개념을 체계화하는 데 큰 역할을 하는 현재의 '행복이라는 환상'이라는 말이 라이히의 저작에서 등장했다는 것이다. 그래서 나는 이 '행복이라는 환상'이라는 사상의 독특한 심연을 숙고해 볼 작정이다. 왜냐하면 사업적 마음가짐을 가진 자수성가형 전문가들이 이 사상을 받아들였고, 이에 관한 교육 프로그램이 개인적인 해방과 경제적 성공을 결합하는 방법을 배우는 대중 교육 프로그램으로 바뀌었기 때문이다. 이 시대는 이기심과 나르시시즘이 도덕적 가치로 칭송된 '자기중심주의 시대 10년 Me Decade'으로 알려졌다. 나는 1970년대에 널리 유행한 나르시시즘 문화는 오늘날 우리가 누리고 있는 나르시시즘 문화와는 매우 다르다고 주장할 것이다. 오늘날의 젊은이들은 이제 자기 홍보의 형태로 이 문화에 참여해야 하기 때문이다. 이들은 선택에 의해서가 아니라 필요에 의해 나르시시스트가 된 사람들이다. 우리는

1970년대에 기업과 사람들이 진실성과 쾌락이 존중되는 새로운 문화에 자신들을 어떻게 적응시켰는지 자세히 살펴볼 작정이다. 1960년대에 기업에 맞섰을 때 사용한 자유 및 권한 부여와 같은 용어들이 1970년대에는 경영 담론에 스며들어 소비자와 노동자 모두가 사용하게끔 채택되었다.

그들이 바란 것은 한편으로 생산과 소비 사이의 경계를 없애고, 다른 한편으로는 행복을 추구하는 것이었다. 이 순간부터 행복이라는 환상은 대체로 일이나 자본주의에 대한 반대를 통해서가 아니라 일을 통해 추구된다. 마약 사용의 경우에도 유사한 변화가 진행된다. 1960년대에 세상을 넓히고 정신의 새로운 차원을 탐색하는 방법으로 행복이라는 환상에 필수 불가결했던 마약은, 오늘날에는 우리 스스로가 사회의 요구에 적응할 수 있게 하는 수단이 되었다. 정신과 의사와 제약회사의 지원으로 이제 마약은 우리가 정상적인 상태를 유지하고, 기능적이고 생산적이며 능률적인 사람이 되도록 도와준다. 실리콘 밸리의 기업가 그룹들은 아야와스카ayahuasca와 LSD를 더 창의적인 상품으로 변화시키는 실험을 하고 있다. 미국 대학생 상당수가 그들의 학업 능률을 향상하기 위해 애더럴Adderall과 모다피닐Modafinil을 복용한다. 그러나 모든 마약이 행복이라는 환상과 쉽게 양립할 수 있는 것은 아니다. 오피오이드opioid•의 위험성이 끊이지 않는 점을 고려할 때, 한편으로는 마약과 창의성, 생산성, 행복 사이에 연관성이 있다고 보기는 어렵다.

다음 장에서는 소비자 자본주의의 도덕적 기반과 불가분의 관계가 있는 쾌락주의와 향락에 대한 경고에 관해 알아볼 예정이다. 쾌락주의는 에피쿠로스주의에 뿌리를 두고 있으며, 소비 또는 성의 형태로 된 즐거움을 위한 권리를 의미한다. 1960년대에 폭발한 이 즐길 권리 모델은 트럼프가 녹음된 영상에서 유명인이라도 무엇이든 할 수 있는grab them by the pussy(음부로 사로잡을 수도 있는) 권리가 있다고 말하면서 논리적 종착점에 이르렀다.

이 책에서 내가 주장하는 것은, 지난 세기 동안 '좋은 삶'의 개념을 형성해 온 행복이라는 환상이 그 매력을 잃어버렸다는 것이다. 행복이라는 환상은 이제 더는 많은 사람의 목적에 부응하지 않고, 소수의 목적에만 부응한다. 더는 인간의 가능성을 확장하지 못하며, 그 가능성을 좁힌다. 그리고 그것은 결코 페미니즘적인 꿈이 아니라 남성 중심적 극기의 환상이기도 하다.

나는 행복이라는 환상을 다시 생각해야 한다고 주장하며 이 책을 비교적 낙관적인 메시지로 끝낼 작정이다. 우리는 행복을 개인주의적이고 망상적인 용어로 생각하는 것이 아니라 집단적 투쟁과 진리

• 아편 제제와 같은 작용을 하는 합성 마약으로, 아편 유도체가 아닌 물질이다. 헤로인 따위가 있다.

에 대한 헌신으로 생각할 필요가 있다. 나는 이런 일이 이미 일어나고 있다고 믿는다. 이 글을 쓰고 있는 순간에도 용기 있는 여성들이 한데 모여 성적 학대 경험을 드러내는 혁명이 일어나고 있다. 그렇게 함으로써 하비 웨인스타인Harvey Weinstein(1952~, 미국 영화감독이자 제작자)이나 도널드 트럼프와 같은 인물에 국한되는 것이 아니라 '즐길 권리'라는 이름으로 지위를 이용해 원하는 대로 할 수 있는 많은 다른 남성들을 포함한 구조적 폭력을 폭로하고 있다. 이것은 고통과 슬픔의 이야기다. 그러나 이런 사람들을 보호해 준 권력구조의 와해를 목격하는 것 또한 상쾌하고 어쩌면 새로운 무언가의 시작일 것이다. 이제 우리는 진정한 자아에 대한 추종, 끊임없는 경쟁, 그리고 즐길 것을 강요하는 현대 문화의 막다른 길에서 벗어나 우리가 좋은 삶으로 여기는 것에 대한 새로운 환상을 표현하기 시작할 수 있다.

이 책은 엄밀한 의미에서 행복에 관한 책이 아니며 어떤 사상의 역사, 즉 1920년대에 빌헬름 라이히의 작품에서 처음으로 등장해 1960년대의 혁명적 시대정신 속에서 절정에 이른 환상의 역사에 관해 쓴 책이다. 그 환상은 1980년대에 소비자 문화와 보수정치에 흡수되었고, 트럼프가 대통령 수락 연설을 하면서 올더스 헉슬리와 그의 인간 잠재력의 세계 및 개개인의 차이에 대한 비전에 무의식적으로 깊은 존경심을 표했을 때 사망했다. 이는 트럼프와 그의 행정부가 의도하는 것과는 정반대의 것이다.

1장

빌헬름 라이히와 함께 침대에서

나는 당신이 당신의 진실성에

얼마나 격렬히 저항하는지 알고 있으며,

당신 자신의 진정한 본성을 따르라고 요청받았을 때

당신에게 죽음의 공포가 다가가는 것을 안다.

나는 당신이 인간 이하의 존재가 되는 것을 멈추고

'당신 자신'이 되기를 바란다.

나는 말한다.

당신이 읽은 신문의 주장이 아닌,

당신의 악의적인 이웃의 의견이 아닌

'당신 자신의 의견에 따르는 사람'이 되라고.

빌헬름 라이히, 『들어라, 소인배야!』 중에서[1]

라이히와의 조우

나는 애덤 커티스Kevin Adam Curtis(1955~, 영국의 영화감독)의 다큐멘터리 영화 〈자아의 세기The Century of the Self〉에서 불운했던 정신분석학자 빌헬름 라이히를 최초로 만났다. 아니, 만났다고 생각했다. 나는 몇 년 전에 그 영화를 반복해서 봤고, 학생들을 가르칠 때 1960년대 미국 문화의 극적인 변화를 보여주기 위해 그 영화의 주요 장면들을 클립으로 만들기 시작했다. 그 영상 클립에는 부드러운 매트리스가 깔린, 조명이 희미한 세미나실에서 비명을 지르며 외치는 사람들의 놀랍고 자극적인 장면이 포함되어 있다. 여기에 참가한 사람들은 자신의 가식적인 막을 벗겨내라는 지시를 받았다. 그 신념은 진정한 내면의 자아를 행동케 함으로써 자유로워질 수 있다는 것이었다. 비록 라이히는 1957년에 죽었지만, 인간의 잠재력 회복 운동이 시작되기 몇 년 전부터 그는 그 운동을 일으키는 데 중요한 역할을 했다. 그는 영적 영감을 주는 중요한 선도자였다. 이러한 움직임에서 볼 수 있듯이 라이히는 사회조직보다는 인간의 내적 잠재력에 더 낙관적이었다. 그의 견해에 따르면 사회조직은 개개인이 진정한 자신이 되는 것을 막는 억압적인 역할을 한다. 다큐멘터리에서 다룬 라이히의 이야기는 짧았지만, 그럼에도 관심을 자아낸다. 1920년대에 빈에서 환영받던 분석가는 1930년대에 정신분석 학계에서뿐 아니라 여러 나라(주로 스칸디나비아 국가들)에서 추방된 후 영구적인 무법자가 되었다. 그 후 늙고 약간은 정신 나간 사람 취급을 받았으며, 가내 수공업으로 만든 오르곤 축적기orgone accumulator를 홍보하고 판매하던 미국에서 수감되었다. 이 오르곤 축적기는 사람의 오르가슴 역량을 향상하기 위해 내부를 금속으로 제작한, 실제 사람 크기의 나무 상자였다. 그 상자는 훗날 패러디되어 우디 앨런Woody Allen(1935~, 미국의 영화감독)의 드라마 〈잠자는 사람들Sleepers〉에 오르가스매트론Orgasmatron이라는 장치로 등장해 이름을 길이 남기게 되었다.

그러나 내가 라이히와 처음 만난 것은 애덤 커티스의 다큐멘터리에서가 아니었음을 밝힌다. 나는 케이트 부시Kate Bush(1958~, 영국의 가수)의 음악과 그녀의 1985년 앨범 〈사랑의 사냥개Hounds of Love〉에 나오는 「클라우드버스팅Cloudbusting」이라는 훌륭한 곡을 통해 10년 이상 커티스를 친숙하게 접하고 있었다. 최근에 그 뮤직비디오를 보면서, 나는 그 노래가 라이히의 비극적인 운명을 연대순으로 기록한 것임을 깨달았다. 이 영상은 도널드 서덜랜드Donald

Sutherland(라이히 역)와 케이트 부시(라이히의 아들 역)가 연기한 두 명의 시시포스 같은 인물이 거대한 물체를 산 위로 밀어 올리는 장면으로 시작한다. 그들은 정상에 도착하자마자 기진맥진해하며 행복해한다. 그들은 바퀴와 조준간을 갖춘, 거대한 대공포처럼 보이는 금속 구조물을 덮은 천을 걷어낸다. 라이히가 그 구조물을 대공포처럼 하늘을 향해 겨냥하자, 그의 아들은 경외감을 느낀다. 라이히는 한평생 망상 속에 살았다. 그는 이른바 '오르곤 대공포'가 날씨를 바꾸어 비를 내리게 할 뿐만 아니라 대기권 밖에 임박한 위협에서 지구를 방어하는 데 쓸모가 있다고 믿었다. 그는 나이 육십에 감옥에서 죽었다.

미친 사람보다 더 이상해 보였던 라이히는 오늘날 우리가 행복을 생각하는 방법에 심오한 영향을 미쳤다. 나는 그가 서양 문화에서 아주 중요한 본보기가 되어온 행복에 관한 완전히 새로운 개념을 발견했다고 말하는 것이 아니다. 그러나 그는 진실성과 성적 쾌락을 행복의 일관된 개념으로 도입한 첫 번째 인물이었다. 그로부터 약 1세기가 지난 지금 그는 우리 문화 속에 깔끔하게 녹아든 행복이라는 환상을 형성하는 데 결정적인 역할을 했다.

라이히를 분석하면서 그가 흥미로워지는 이유는, 그의 글에서 표현된 것처럼 분노만 드러내는 단순한 이론이 아니라는 점이다. 나는 "라이히의 글을 읽으면 평화주의자들 모임에 참석하고 싶어진다. 그 이유 중 하나는 침략의 종식을 탄원하는 사람들이 보여주는 수많은 침략을 목격하는 것이 약간 두려워지기 때문이다"라고 말하는 필립 리프Philip Rieff(1922~2006, 미국의 사회학자 겸 문화비평가)의 의견에 동의한다.[2] 라이히가 쓴 글들, 특히 후기에 나온 것들은 다음과 같이 과장되고 공격적이다. "나는 당신이 인간 이하의 존재가 되는 것을 멈추고 '당신 자신'이 되라고, 거듭 '당신 자신'이 되라고 말한다"[이 장 제사(題辭) 참고].

이런 그의 저작물들은, 읽기에는 특히 좋지 않다는 점을 인정해야겠다. 그를 만나본 많은 이들이 주장한 것과 마찬가지로, 눈에 띄는 천재의 흔적을 나는 찾을 수 없었다. 그러나 그것이 라이히에 대한 흥미를 떨어뜨리지는 않는다. 그를 매력적으로 만드는 것은 적절한 시기에 언제나 적절한 장소에 있을 수 있는 불굴의 능력과 중요한 역사적 순간에 자신을 새겨 넣는 능력이다. 또는 어떤 사람의 관점처럼 잘못된 시간에 잘못된 장소에 나타나는 능력이다. 왜냐하면 프로이트와 그의 동료들이 인간의 정신에 대해 막대한 영향을 끼칠 관점의 토대를 마련했을 때, 라이히가 처음으로 빈에 있었다는 사실이 기록에 남아 있기 때문이다. 그는 정신분석이 일반인들에게 처음으로 공개되었을 때 빈의 무료 진료소 중 한 곳에서 일하고 있었다. 또한 라이히는 수많은 미국 젊은이들이 부르주아 계급의 낡은 순응 세계에 저항하기 위해 거리(또는 현장)를 차지하고, 성혁명으로 알려진 일에 착수하기 시작했을 때 비록 그림자에 지나지 않았지만, 또 그곳에 있었다. 말년에 라이히가 보수적으로 변해 미국 공화당에 투표한 사실은 그의 삶을 특징짓는 다른 많은 모순 중 하나일 뿐이다.

라이히는 사후에 억압 너머의 행복에 대한 환상인 특정한 환상을 구현하게 되었다. 순응의 시대가 끝나고 개인이 더는 예정된 역할을 감당하고 행동하도록 강요받지 않는 시대가 된 1960년대 초, 라이히는 많은 사람이 찾는 일종의 숭배 대상자가 되었다. 그의 저서는 1940년대부터 새로운 세대의 젊은 보헤미안들 사이에서 널리 읽혔다. 그는 쉽게 접할 수 있는 상징이 되었으며, 윌리엄 버로스William S. Burroughs(1914~1997), 프리츠 펄스Fritz Perls(1893~1970, 독일의 유대계 정신과 의사), 폴 굿맨Paul Goodman(1911~1972)과 같은 반체제 인사들의 환호를 받았다. 사회적 격변, 정치적 실험, 실존적 혼란으로 정의된 시대에 라이히는 희망과 변화의 강력한 상징이 된 것이다.

이 시대에 젊은 여성들은, 행동거지가 정연하고 매우 처량한 가정주부상(像)에 얽매인 그들의 어머니처럼 되고 싶지 않았다. 그리고 청년들은, 대기업에서 정신없이 업무에 시달리다 저녁 늦게 집으로 돌아와 텔레비전 앞에서 맛없는 음식을 먹고, 마침내 심장마비로 죽을 때까지 하루하루 그 짓을 반복하는 그들의 아버지의 발자취를 따르길 원치 않았다.

잭 케루악Jack Kerouac/Jean Louis de Kerouac(1922~1969, 미국의 시인, 소설가)이 1958년에 발표한 반허구소설 『달마행자達磨行者들The Dharma Bums』에서 시인 개리 스나이더Gary Snyder(1930~)를 모델로 삼은 인물 재피 라이더는 이러한 단조로운 삶에 대해 혁명을 상상한다. 그는 그의 계시로 배낭여행자들과 젊은 미국인들을 비롯해 달마행자들과 선禪광신자들Zen Lunatics에 이르기까지 모든 유형의 독특한 인물들이 함께 모이는 것을 보았다. 그들 모두는 이러했다.

> 생산 제품을 소비하는 일반 수요에 동의하길 거부했는데, 이는 그들이 냉장고, TV 세트, 자동차들, 적어도 새로운 고급 자동차, 특정 모발용 오일과 탈취제, 그리고 아무튼 여러분이 일주일 후에 쓰레기통에서 볼 수 있는 일반 쓰레기와 같은, 그들이 실제로 원하지 않는 그런 모든 쓰레기를 소비하는 특권을 위해 일해야 하는 것을 거부한 셈이다. 그들 모두는 업무 시스템에 감금되어 일하고, 생산하고, 소비하고, 일하고, 생산하고, 소비한다. ……[3]

이러한 문화적 분위기 속에 라이히의 사상은 설득력을 얻었다. 그는 그의 사후 수십 년 동안 우리 문화에 깔끔하게 통합될 행복 이론을 펼치기 시작했다. 행복을 진실성의 추구로 생각하고, 그것이 즐거운 삶을 목표로 한다는 것은 오늘날 결코 논란의 여지가 없다. 그것은 표준 개념이다. 행복은 개인적 추구, 즉 일종의 선택이다.

하지만 그 시절에 행복은 그렇게 여겨지지 않았다. 1920년대에 오스트리아의 분석가였던 라이히는 개인이 성적으로 해방되어야 한다는 가정 아래 자신의 행복 비전을 홍보하기 시작했고, 격렬한 저항에 부딪쳤다. 그는 훗날 『들어라, 소인배야!』(1945)라는 분노에 찬 짧은 책에서 그 투쟁에 대해 묘사했다. "25년 동안 나는 이 세상에서 행복에 대한 당신들의 권리를 지켜내기 위해 말하고 써왔으며, 이런 임무를 수행할 능력이 없는 당신들의 무능을 비난해 왔다." 라이히에 따르면 우리는 우리 자신의 주인이며 우리의 삶과 함께, 하고 싶은 일을 자유롭게 할 수 있다. "당신 자신 외엔 아무도 당신의 노예 상태에 대해 비난해선 안 된다. 내가 말하거니와, 아무도 그래서는 안 된다."[4] 이 글을 쓴 시대에는, 순응과 안전이 여전히 지배적인 문화적 표준이었다. 행복한 삶은 물질적 쾌적함, 심리적 안정감, 안정된 가정생활과 직접적으로 연관된다. 역사학자 잭슨 리어스T.J. Jackson Lears (1947~)는 다음과 같이 지적했다. "잡지 ≪굿 하우스키핑Good Housekeeping≫과, 이와 유사한 잡지들의 조언은 '순응하기를 두려워하지 마라'라고 하거나 자녀들이 그렇게 하도록 격려하는 것이었다. 가족은 적응을 잘하는 어른들을 배출하는 공장이 되었다."[5]

사람들은 가정생활의 안정 속에서도 행복을 찾을 수 있었다. 이것은 알렉시스 토크빌(1805~1859)이 1830년대에 미국을 여행하며 발견한 것 중 하나다. 토크빌은 그의 저서 『미국의 민주주의Democracy in America』에서 이렇게 말한다.

> 미국인은 공적인 삶의 혼란에서 가족의 품으로 은퇴할 때, 그 안에서 질서와 평화의 이미지를 발견한다. 그의 즐거움은 단순하고 자연스러우며, 그의 기쁨은 순수하고 차분하다. 질서정연한 삶이 행복의 가장 확실한 길이라는 것을 깨닫게 되면서, 그는 자신의 취향뿐만 아니라 자신의 의견을 절제하기 쉽도록 자신을 길들인다.[6]

그러나 라이히는 가족을 '권위주의적인 이데올로기를 만드는 공장'으로 간주했으며,[7] 가족 구성원 간의 정서적인 유대감을 가족염familitis이라고 지칭하며 일종의 질병으로 보았다. 안전과 편안함은 행복의 관문이 아니었다. 그것들은 행복을 가로막는 장벽이었다. "당신은 인생의 행복을 간구하지만, 당신의 기개가 꺾기거나 당신의 삶을 망치더라도 당신에게는 안전이 더 큰 의미가 있다."[8]

가정생활의 안락함에 중독되었을 뿐 아니라, 이 사람들은 또한 소비자 자본주의의 자발적인 노예가 되었다. 그들은 개인의 자유와 성적 행복의 진정한 삶을 추구하기가 너무 두려운 나머지, 무의미한 TV 프로그램을 보거나 라디오 광고에 세뇌되며 그들의 삶을 낭비했다. "당신들은 변비약, 치약, 구두약, 탈취제 등의 선전을 라디오 광고로 듣는다."[9] 라이히에 따르면 행복하기 위해서는 행복해지기 위해 힘써야 하므로, 이 사람들은 행복할 자격이 없는 사람들이었다. "이제 행복이 왜 당신들에게서 멀어지는지 이해하는가? 행복은 얻기 위한 노력을 원하고, 획득해 주길 바란다. 그러나 당신들은 단지 행복을 소비하길 원할 뿐이다. 행복은 당신들이 소비하는 걸 싫어하기 때문에 도망가는 것이다."[10]

반세기가 지난 지금도 우리는 헤아릴 수없이 많은 생활방식에 관한 잡지와 자기계발 서적들 속에서, 그리고 심지어 정치와 비즈니스 속에서도 반복되는 라이히의 언사들을 발견할 것이다. 한편, 인간의 행복에 대한 프로이트의 비관적 전망은 완전히 유행에 뒤처졌다. 이 두 사람 중 프로이트가 여전히 존경받고 있지만, 적어도 우리의 행복 문화를 형성하는 데에서는 라이히가 마지막 발언 기회를 얻은 거 같다. 프로이트와 라이히는 행복에 대한 두 가지 상반된 견해를 보인다. 우리는 그것이 서로 상충하여 두 사람 사이의 소통을 영구히 중단시켰음을 알게 될 것이다.[11]

라이히가 프로이트를 만났을 때

제1차 세계대전이 끝나기 몇 달 전인 1918년 여름, 스물한 살의 빌헬름 라이히가 빈에 도착했다. 그는 마음속을 꿰뚫어 보는 듯한 새까만 눈을 가진 두드러지게 잘생긴 소년이었지만, 전쟁으로 인해 무일푼이었고 입을 옷이라고는 초라한 군복 한 벌뿐이었다. 그는 그의 자서전 『청춘의 열정Passion of Youth』에서 2년 동안 오트밀과 말린 과일로 어떻게 살았는지 묘사했다. 그의 어느 날 일기에는 "장갑을 끼고 모피 코트를 입고 방에 앉아 화학 공부를 하면서"라는 안타까운 구절이 있다.[12]

한동안 했던 법률 공부가 "지겹고 취향과는 거리가 멀다"는 것을 깨달은 라이히는[13] 단지 조금 더 자극적인 것으로 보이는 의학으로 전공을 바꾸었다. 커리큘럼에는 성과학性科學이 빠져 있는데, 라이히와 그의 동기생 중 일부가 받아들이기 어려울 것으로 생각해 생략한 것이다.

빈은 감성을 선호하는 전통적이고 부르주아적인 도시이지만, 철학이나 미술 또는 음악을 가리지 않는, 새로운 도발적 사상의 중심지이기도 했다. 라이히와 그의 동료 학생들이 세미나 그룹을 만든 것은 이러한 흐름, 특히 섹스 및 리비도에 관한 연구와 관련이 있는 시도였다. 그들이 지그문트 프로이트의 충고를 구할 만큼 용기를 내기까지는 1년 이상이 걸렸다.

훗날 라이히는 "나는 그곳에 전전긍긍한 상태로 왔고, 기쁨과 친근함을 느끼며 떠났다"[14]라고 기술했다. 프로이트는 그들을 돌봐주는 의욕적인 멘토임을 입증했으며, 그 청년들이 자신의 책을 고르는 데 도움을 주었다. 라이히에게는 그것이 프로이트와 14년간의 지적 교분의 시작이었다. 그렇지만 그 관계는 '끔찍한 실망'으로 끝날 것이었다.[15]

라이히를 가장 재능 있는 전문가 중 한 사람으로 언급하게 하는 계기가 된 프로이트와 라이히의 강렬한 지적 협력이 시작되었지만, 그 관계는 1930년대 초반 정치와 가족구조에 대한 그들 사이의 격렬한 싸움으로 끝이 났다. 이 갈등의 핵심에서 행복에 대한 두 가지 상충하는 시각이 발견된다. 라이히는 사람들이 성적으로 해방되었을 때만 혁명적인 정치가 실현된다는 이론을 굳건하게 믿었으며, 그런 성적 해방을 성취하기 위해서는 먼저 가족을 해체해야 한다고 주장했다. 가정은 구성원들의 자유를 제약하고 그들의 행복을 저지하며, 아이들을 강제로 복종시키는 곳이었다. 그렇게 되면 그 구성원들은 가련하고 유순해진다. 대중도 마찬가지다. 그는 『오르가슴의 기능Function of the Orgasm』에 이렇게 썼다.

"권위에 맹목적으로 순종하는 대중의 구조는 자연발생적인 부성애에 의해서가 아니라 권위주의적인 가정에 의해 초래된다. 어린이들과 청소년들의 성에 대한 억압은 이 순종을 만들어내는 가장 중요한 수단이다."[16]

우리는 라이히의 작품 전반에 걸쳐 '자연스러운 행복'과 '성적 행복'을 서로 바꾸어놓을 수 있는 낭만적인 개념을 발견하게 된다. 그는 이것을 억압, 복종, 권위주의와 정반대로 보았다. 한편 프로이트는 이런 형태의 행복에 대해 회의적이었다. 그는 성적 억압이 당대의 문제라는 데는 실제로 라이히와 의견을 같이한 반면, 성적 자유는 행복의 자연스러운 경로로 보지 않았다. 그의 말년 작품 중 하나인 『문명 속의 불만Civilization and Its Discontents』에서 우리가 모두 행복을 추구하고 있음에도 불구하고 그것을 찾을 운명은 아니라고 말한다.[17]

많은 세월이 흐른 후, 그가 죽기 얼마 전 라이히는 프로이트와의 관계에 관해 설명하겠다며 인터뷰를 제안했다. 그는 인터뷰 중 인터뷰 담당 기자에게 "프로이트의 이 사진을 보시겠습니까?"라고 말했다. "이 사진 속의 것이 당신에게 보일지 모르겠습니다. 나는 1925년에 그에게서 이 사진을 받았을 때 그것을 보지 못했습니다. 당신은 사진 속에 있는 것을 볼 수 있습니까?"

인터뷰 담당 기자는 그 사진 쪽으로 다가가 그것을 보고는 여기에 뭔가가 있을 수 있겠다고 머뭇거리며 대답했다. 라이히는 "매우 슬픈 표정"이며 "진정한 절망"이었다고 말했다.[18]

라이히에 따르면 프로이트는 처음 만났을 때 희망에 차 있는 강한 사람이었다. 그러나 1920년대 중반, 그 모든 것이 바뀌었다. 그는 암에 걸렸으며 열성을 잃은 것 같았다. “이제 내 연구에서 암은 정서적인 체념을 불러오는 질병이다.”[19]

라이히는 프로이트가 암에 걸린 이유가 성적으로 만족하지 못했기 때문임을 시사하며 이렇게 설명했다. “나는 그의 삶이 행복했다고 생각하지 않습니다. 그는 매우 차분하고, 조용하고, 품위 있는 가정생활을 해왔습니다. …… 하지만 그는 성적으로 매우 불만스러워했던 사람입니다.”[20]

여기 이 이야기에서, 우리는 라이히가 행복이라는 환상에 대해 도덕주의자처럼 구는 숨김없는 표현을 발견한다. 그에게 행복은 성적 만족을 찾는 능력과 동의어였다. 그것은 사람이 자기 자신과 완전한 결합을 이룰 수 있는 완벽한 조화의 상태에 도달함을 의미했다. 성적으로 만족하지 못하는 것은 도착倒錯, 체념 또는 프로이트의 경우처럼 치명적인 암의 형태로 나타나는 질병의 징후였다. 우리는 이 행복에 대한 환상을 분명하게 표현할 때, 끔직한 배덕背德의 환상(도착, 암, 체념 등)에 맞서는 기쁨이 넘치는 선善의 환상(성적 자유, 진정성, 정력 등)을 라이히가 어떻게 끌어내는지 알 수 있다. 우리가 앞으로 알게 되겠지만, 라이히는 이 행복이라는 환상을 개인의 영역에 한정하지 않았다. 1920년대 후반에 더 정치적인 성향을 보였을 때, 그는 사회 전반에서 많은 사람과 공유할 수 있는 자신의 비전을 알려주었다.

성혁명의 형성

라이히의 일생은 여러 면에서 프로이트와 달랐다. 그의 이야기는 프로이트 탄생 40년 후인 1897년 오스트리아-헝가리 제국의 영역인 오늘날의 우크라이나 지역의 작은 농장에서 시작한다. 라이히는 그의 자서전 『청춘의 열정』에서 성적 음모에 시달리는 다소 이상한 가정을 묘사한다. 그는 네 살 때, 자기 집 하녀가 마부와 성관계하는 것을 목격한다. 라이히는 나중에 이 경험이 그에게 '엄청난 강도의 에로틱한 감각'을 불러일으켰다고 했다. 한 해가 지난 다섯 살 때, 라이히는 그의 남동생의 보모와 자위를 시작했다. "나는 그녀 위에 올라가 그녀의 옷을 들어 올리고 (그녀가 분명한 쾌락에 도달할 때까지) 그녀의 생식기에 열렬히 도전했다"[21]라고 라이히는 쓰고 있다. 몇 년 후, 열한 살이 된 그는 자기 집 요리사에게 순결을 잃었다. 그는 어린 시절 내내 집에서 부리는 말을 승마 채찍 손잡이로 즐겁게 해줬다.[22]

라이히는 열 살 때, 그의 어머니가 가정교사와 바람을 피우고 있다는 것을 알게 된다. 그는 문밖에서 그들이 사랑을 나누는 소리를 듣곤 했는데, 그는 그 방을 폭파하고 자기와 성관계를 하지 않으면 아버지에게 이 사실을 이르겠노라고 어머니를 협박하는 상상을 즐겨 했다.

그러나 아버지가 결국 그 사실을 알아버렸기 때문에, 그는 그 상상을 결코 실현하지 못했다. 남편의 보복이 두려웠던 그의 어머니는 세제 한 병을 들이켜 자살을 시도했다. 그녀는 남편에 의해 구조되었지만, 두 번 더 시도한 끝에 마침내 자살하고 말았다. 라이히는 그때 열세 살이었다.

불행한 몇 년이 지난 후, 라이히의 아버지도 죽었다. 라이히는 열일곱 살 나이에 큰 농장과 그의 동생에 대한 책임을 물려받았다.

이 불행한 가정사는 나중에 성혁명의 대명사가 될 사람을 위한 적절한 양육 조건처럼 보일 수 있다. 물론, 어떤 사람들의 삶을 그들의 연구에 엮지 않도록 항상 조심해야 한다. 그러나 이를 얼마간 다른 시각으로 바라볼 수는 있을 것 같다. 수전 손택Susan Sontag(1933~2004)은 발터 베냐민Walter Benjamin(1892~1940)의 철학적인 아포리즘 모음집 『일방통행로One way Street』를 소개하며 이렇게 썼다. "작품을 설명하기 위해 그의 삶을 이용할 수는 없다. 그러나 그의 삶을 설명하기 위해 그의 작품을 이용할 수는 있다."[23]

아무튼 이렇게 성장한 라이히는 전쟁 기간(제1차 세계대전)에 입대하여 몇 년간 최전선에서 근무한 후 대학에 다니기 위해 1918년 빈으로 갔다. 다음 해 그는 프로이트와 친분을 쌓은 후, 처음으로 자신의 정신분석학 연구를 발표할 기회를 얻었다. 젊은 라이히의 발표를 듣기 위해 모인 사람들은 규모는 작지만, 배타적인 고위 정신분석학 연구 집단이었다. 특히 긴장한 라이히는 페르 귄트Peer Gynt•에 관한 논문을 발표했다. 그 논문에서 그는 귄트가 성적충동의 갈등libidinal conflicts으로 인해 나르시시즘과 과대망상으로 고통받았다고 주장했다. 그 분석은 거기 모인 인사들에게 좋은 인상을 주었고, 라이히는 프로이트의 핵심 서클인 '빈 정신분석학회Vienna Psychoanalytic Society'의 최연소 회원이 되었다.[24] 그 당시 그 인사들이 알지 못했던 것은 라이히가 페르 귄트와 매우 유사했고, 그 역시 거대한 자아도취적 과대망상에 시달리고 있었다는 사실이다.[25] 그들이 그것을 인지하는 데는 그리 오랜 시간이 걸리지 않았다.

라이히의 성性에 대한 조숙한 심취는 감퇴하지 않았다. 그가 성에 관한 연구를 시작했을 때, 그에게 이론뿐만 아니라 실제로도 이러한 문제를 탐구할 수 있는 전례 없는 기회가 주어졌다. 학생 신분으로서 여성들과의 관계를 성공하는 데는 한계가 있었다. 그는 그 지역 댄스홀에서 제자리를 잡지 못하고 겉돌았으며, 그를 거부한 여성들을 비난했다. 그러나 그가 저명한 정신분석가가 되었을 때

• 헨릭 입센의 극시 및 거기에 나오는 주인공 그리그가 페르 귄트라는 이름의 모음곡을 만들기도 했다.

상황은 바뀌었다. 그는 새로운 의미의 위상을 얻었을 뿐 아니라 의심할 나위 없이 댄스홀보다 그에게 더 어울리는 새로운 공간을 제공받았다.[26] 정신분석가로서 활동하는 동안, 그는 오랫동안 원해왔던 끊임없는 관심의 대상이 되었다.

그렇기 때문에 그가 첫 번째 아내를 만난 것이 정신분석 활동을 통해서였다는 사실은 놀랄 일이 아니다. 동료들은 물론 분노하며 반대했다. 의사로서 자신의 환자들과 잠자리를 함께하는 것은 의료활동에서 가장 큰 금기사항 중 하나였으며 지금도 그러하다. 그러나 라이히는 자신의 행동을 변호했다. 그는 여성 환자에 대한 정신분석 작업 **중**이 아닌 모든 작업이 끝난 **후**, 즉 그녀가 마침내 자신의 참된 자아를 찾게 되었을 때 잠자리를 같이했다고 주장했다.[27] 주위 인사들의 항의가 계속되는 중에도 프로이트는 그의 어린 제자를 변호했다.

1920년대 초 몇 년 동안 라이히는 정치에 관심을 보이지 않았다. 그는 경제적 어려움을 겪었고 학생들의 개인교습에 많은 시간을 할애해야 했다. 그러나 1920년대 중반, 그의 상황이 좋아지면서 정치적 관심이 생겨났다. 그는 독일 청년운동 단체인 반더포겔Wandervogel에 가입해 사회주의자와 평화주의자, 성性자유주의자들과 교류했다. 무정부주의자 구스타프 란다우어Gustav Landauer(1870~1919)에게 영감을 받은 이 젊은 자유 애호자들은 모든 형태의 권위에 반기를 들었다. 그들은 그들 부모들의 부르주아적 생활방식에 경멸감을 드러냈으며, 그들 소풍의 자연스러운 목적지가 된 산간에서 자유를 찾았다.[28]

라이히는 빈의 종합병원에서 코 닿을 만치 가까운 거리에 있는, 외래진료소Ambulatorium로 알려진 새로 문을 연 병원에서 일하게 되었다. 그는 이곳에서 점점 증대하는 정치적 관심을 정신분석과 결합할 수 있었다. 이때까지도 정신분석은 소수의 사람만 이용할 수 있는 치료 과정이었으며, 그 비용이 매우 비싸서 웬만한 사람은 감당할 수 없었다. 그러나 무료 진료소가 문을 열자 모든 사람이 정신분석 치료를 받을 수 있게 되었다. 유일한 요구 사항은 자신의 비밀을 기꺼이 공개하려는 의지였다. 이 현장은 라이히에게 완벽히 어울리는 곳이었다. 이곳에서 일하면서 그는 온갖 종류의 사회적 배경을 가진 70명이 넘는 환자들과 접촉했다. 그는 산업노동자, 사무원, 학생, 농민들을 치료했다.

라이히는 이 기회를 이용했다. 사람들의 성생활에 대해 더 많은 것을 알고 싶은 호기심으로 그는 그들의 이야기를 수집하기 시작했다. 1924년 한 부서의 책임자가 된 그는 다른 분석 파일에 접근할 수 있게 되었다. 그는 이듬해에 첫 번째 책을 출간했다. 『충동적인 성격The Impulsive Character』은 그가 외래진료소에서 수집한 이야기를 기초로 한 것이다. 라이히는 특히 충동적인 성격의 사람들, 즉

“단순한 신경증 환자들에게 부족한 추가적인 어떤 것을 가진”이라고 표현한 환자들에게 특히 관심이 많았다. 그는 “오직 질에서 다량의 피가 흘러나와야만 오르가슴에 이를 수 있고, 칼자루로 자신의 자궁 경부에 심한 상처를 내어 자궁이 내려앉은 충동 주도형의 여성 환자”와 같은 자기 거세 성향을 가진 사람들의 동기를 이해하려 애썼다.[29]

라이히는 충동적인 성격의 성은 부적절한 성교육으로 인한, 건강에 좋지 않은 성적 본성이라고 주장했다. 이러한 기질의 사람들은 자라면서 성적 능력이 저하한다. 라이히는 “전체 성충동(리비도) 조직이 실망과 죄책감에 의해 쉬이 허물어지기 때문에, 자위행위도 성교도 편안함을 느끼게 해줄 수 없다”라고 했다.[30]

라이히는 자기가 수집한 풍부한 자료를 바탕으로 많은 사람이 왜 신경증에 시달리는지 그 이유를 설명할 열쇠를 발견했다고 생각했다. 요컨대 완전한 오르가슴에 도달할 수 없다는 문제와 관련된 이야기였다. 몇 년 후 그는 『오르가슴의 기능』을 출간하면서 자신의 연구 결과를 이렇게 요약한다. “수년 동안 광범위하고 집중적인 작업을 하면서 관찰하고 치료한 수백 건의 사례 중 질의 오르가슴 장애가 없는 여성은 한 사람도 없었다. 남성 환자의 약 60~70퍼센트는 모두 성기능 장애가 있었다.”[31]

자기가 정신분석학의 근본적인 문제를 해결했다고 확신한 라이히의 분석은 더욱 과격해졌다. 성욕을 잃어 성생활을 하지 않는 한 여성은 치료를 담당한 라이히로부터 더 젊은 남성과 성관계를 시작하라는 진단을 받았다.[32] 치료의 성공 척도는 환자가 오르가슴에 이를 수 있는 능력이었다. 라이히는 이것을 오르가슴에 이를 수 있는 정력이라 불렀다. 그는 인간을 양파에 비유했으며 정신분석가의 역할은 환자가 껍질을 벗겨내고 성격이라는 갑옷을 뚫을 수 있도록 돕는 것이었다. 이 껍질 밑에 숨겨진 것은 근본적으로 선량하고 사랑스러운 창조물이라고 라이히는 믿었다. 정신분석의 목적은 이 성격이라는 갑옷에서 자유롭게 벗어나는 것이었다. 라이히는 이렇게 쓰고 있다.

> 이런 특성을 가진 갑옷 외장(外裝)은 고립, 극심한 곤궁, 권위에 대한 열망, 책임에 대한 두려움, 신비주의적 갈망, 성적인 신비주의자, 신경증적인 무력한 반항, 그리고 병적인 관용의 기초이다. 인간은 자신을 소외시켰으며, 삶을 향해 적대감을 드러내 왔다. 이 소외는 생물학적인 것이 아니라 사회경제학적인 것에 기원을 두고 있다. 그것은 가부장제가 발전하기 이전의 인류 역사 단계에서는 발견되지 않는다.[33]

라이히는 과학적 호기심과 실험주의로 정의된 시대에 이 책들을 썼다. 그러나 거의 모든 형태의 심리적 고통으로 인해 완전한 오르가슴에 도달할 수 없다는 말을 하기 시작하면서 빈 서클의 동료 정신분석가들과 불편한 관계가 되었다. 1920년대 중반 라이히는 여전히 가장 중요한 정신분석가 중 한 명으로 여겨졌다. 그러나 이 무렵에는 그의 견해가 더욱 급진화하면서 그를 비판하는 사람들의 수가 늘어났다. 프로이트의 제자이자 정신분석가 중 한 사람인 리하르트 슈터바Richard Sterba(1898~1989)는 라이히를 "성기 나르시시즘 환자"라고 비난했다. 영향력 있는 다른 정신분석가 폴 페던Paul Federn은 라이히에게 "공격적이고 편집증적"이라는 딱지를 붙였다. 다른 동료들은 그저 그를 "오르가슴 광신자"라고 불렀다.[34]

금욕 또는 완전한 오르가슴

프로이트가 1927년에 쓴 논문 「환상의 미래The Future of an Illusion」는 본질적으로 선한 존재로서의 인간에 대한 라이히의 낭만적인 전망에 관한 직접적인 반응으로 읽힐 수 있다. 프로이트는 이 비관적인 논문에서 개인을 반사회적이고 반체제적인 경향을 가진 파괴적인 존재로 묘사한다.[35] 이러한 까닭에 문명은 '본능의 강제와 금욕'에 기초해야 한다는 것이다.[36] 프로이트는 다만 인간의 고유한 미덕에 대한 라이히의 비전에 대해서는 반대하지 않았다. 그는 또한 대중은 어느 정도의 억압을 강요하지 않으면 광포해진다고 주장하면서 권위주의에 대한 자신의 견해를 옹호했다. "대중은 게으르고 우둔하고 …… 그리고 본능의 포기에 대한 사랑이 없으며, 불가피론을 확신하지 못한다"는 것이다.[37] 프로이트는 엘리트적인 어조로 계속해서 이렇게 말한다. "소수에 의한 대중의 통제 배제는 문명 활동에서의 강압 배제만큼이나 불가능하다."[38]

프로이트가 1927년에 이런 말들을 하고 있을 때, 라이히와의 관계는 이미 악화되기 시작했다. 한편 라이히의 정치 참여도는 더욱 높아졌다. 그는 마르크스를 읽고는 프로이트의 연구 활동이 정신의학에서 그랬던 것처럼, 마르크스의 저작이 경제에 관한 급진적인 사상이었음을 알게 되었다. 얼마 지나지 않아 그는 엥겔스, 트로츠키, 레닌을 읽었는데, 1927년 오스트리아 공산당 산하 의료 부서에서 일한 것이 정치적 자각의 계기가 되었다. 이제부터 그의 과제는 마르크스주의와 정신분석을 결합하는 것이었다.

라이히가 봤을 때 대중은 아름답고, 잠재적으로 해방되고 있었다. 그들은 프로이트가 말한 것처럼 게으르고 우둔한 것으로 정의되지 않았다. 대중은 그들이 억압받았을 때만 위험해졌다. 그들이 오르가슴에 완벽히 도달하는 법을 배울 수 있고, 결과적으로 행복하고 진실하게 살 수 있게 되면, 자연히 친근감 있게 유기적으로 함께할 것이며, 다 함께 라이히가 생식기 유토피아로 마음속에 그린 세상을 이룰 것이라고 했다.

그러나 프로이트는 인류의 그러한 극복을 믿지 않았다.[39] 그리고 특히 낡은 억압적인 질서를 무너뜨리고 새로운 성적 유토피아로 대체하지 않고는 불가하다는 것이다. 프로이트에게 그러한 생각은 망상이었고, 라이히가 정신분석에 대해 근본적으로 잘못된 통찰을 하고 있음을 내비치는 오해가 섞인 증언이기도 했다. 즉, 개인은 내재적인 공격적 성향을 띠며, 무의식적인 존재로서 "자신의 집에 있으면서도 주인 행세를 못 한다"는 것이다.[40] 그 때문에 성적 자유에 기초한 유토피아 사회가 존재할 수 없다고 했다.

두 사람은 이 점에 대한 그들의 의견 차이를 극복할 수 없었다. 라이히는 그 불행이 권위주의와 가부장주의를 통해 외부적으로 강요당한 것이라고 생각했다. 반면에 프로이트는 그것을 인간이라는 존재의 필연적인 조건으로 보았다. 두 사람은 1930년 프로이트의 호숫가 저택에서 마지막으로 만났다. 라이히는 나중에 이렇게 회고했다. "프로이트는 나를 따라올 수 없었다. 그를 괴롭힌 것은 성격 분석 기술이 아니라 성적 혁명이었다."[41] 여기서 나는, 프로이트를 괴롭힌 것은 집단적 행복에 대한 라이히의 비전이었으며, 그는 이 집단적 행복을 생식기 혁명의 논리적 결론으로 간주했다고 본다. 이것이 라이히의 행복이라는 환상이다.

1924년부터 1939년까지 라이히와 프로이트 사이에 오간 짤막하고 간혹 정중함을 보인 서신들을 읽으면, 행복의 개념에 대한 그들의 의견 차이가 거의 드러나지 않는다. 그 차이는 프로이트의 저서 『문명 속의 불만Civilization and Its Discontents』에서 살펴볼 수 있다. 친구 로 안드레아스살로메Lou Andreas-Salome(1861~1937, 러시아 출신 정신분석가)에게 보낸 서신에서 프로이트는 이 책을 "행복에 관한 연구"라고 언급했다.[42] 사실 프로이트는 처음에 그 책 제목을 '문명 속의 불행Unhappiness in Civilization(Das Unglück in de Kultur)'이라고 할 작정이었다. 그러나 나중에 그는 '불행unglück'을 좀 더 도발적이고 번역하기에 더 어려운 '불만unbehagen'으로 바꾸었다. 프로이트는 '문명 속에서의 인간의 불편Man's Discomfort in Civilization'[43]을 제안했으나 그 책의 번역가 조앤 리비에라Joan Riviera가 반대했다.

훗날 라이히는 프로이트가 쓴 이 책의 전체 내용이 자신이 의문을 표출한 데 대한 응답이라고 주장했다. 좀 더 구체적으로 말하면 1928년 프로이트의 집에서 라이히가 발표한 「신경증 예방The Prophylaxis of the Neuroses」이라는 논문에 대한 반응으로 생각했다.[44] 이 논문은 빈 서클의 프로이트와 그의 동료들에게 좋은 반응을 얻지 못했다. 라이히는 훗날 프로이트의 집에서 열린 회의에서의 '차가운 분위기'를 떠올렸다. 토론은 신랄했고 프로이트는 울화를 참느라 애쓰는 기색이 역력했다고 한다. 프로이트가 그를 다루기 어색해하고 점점 어렵게 여기기 시작했다는 것이, 이 시점에 라이히 자신을 포함해 그들을 아는 모든 사람들에게 분명해졌다. 라이히는 나중에 "나는 문명 속의 불편한 사람이었다"라고 말했다.[45]

사람들의 삶의 목적과 의도를 프로이트는 그의 『문명 속의 불만』의 시작 부분에서 행복이라고 쓰고 있다. 사람들은 행복하기 위해 몹시 애쓰며, 그리고 그렇게 되기를 소원한다.[46] 이를 위해 사람들은 쾌락의 극대화와 고통의 극소화를 추구하는 '쾌락 원칙 프로그램'에 의지한다. 그러나 이 추구에는 한 가지 문제가 있다.

> 인간이 '행복'해지려는 의도는 신의 인간 '창조' 계획에는 포함되어 있지 않다고 말하는 경향이 있다. 우리가 가장 엄격한 의미에서 행복이라고 부르는 것은 극도로 억제된 욕구가 (되도록 갑작스럽게) 충족되는 것으로, 이것은 근본적으로 일시적으로 일어나는 현상이다.[47]

여기서 우리는 프로이트와 라이히의 차이를 분명히 알 수 있다. 프로이트에 따르면 행복은 근본적으로 가끔 찾아오며, 우리의 망가진 욕구가 충족될 때 발생한다. 반면에 라이히의 경우 행복은 우리의 욕구가 끊임없이 충족되는 지속적인 상태이다. 그러한 상태에서 개인은 자율성과 성적인 독립을 이룰 수 있다는 것이다. 개인의 성생활은 자유롭고 자연스러우며, 내적 및 외적 제한으로부터 완전히 해방되어야 했다. 만족스럽고 행복한 사람이 되는 유일한 방법은 먼저 생식기를 흡족하게 해주는 것이었다.

프로이트에 따르면, 라이히의 이런 주장에는 적어도 두 가지 문제가 있다. 첫째, 쾌락의 원리는 무한정 연장될 수 없다. 잠시 "단지 온화한 만족감을 불러일으킬 뿐이다"라고 한다. "우리는 대조contrast를 통해서만 강렬한 즐거움을 얻을 수 있고, 사물의 상태state of things에서는 아주 적은 즐거움을 얻을 수 있게 만들어져 있기 때문이다."48 대조적인 것이 사라질 때 쾌락 역시 사라진다. 둘째, 금욕 없는 쾌락 추구는 역효과를 내기 마련이다. "모든 욕구를 무한정 만족시키는 것은 인생을 안내하는 가장 매혹적인 방법이지만, 이것은 행동 이전에 쾌락으로 들어가는 것을 의미하며, 이내 그 자체의 징벌을 초래한다."49 쾌락의 원리를 추종하는 것은 영원한 행복을 지속하는 길이 아닐 것이다. 시간이 지남에 따라 더 약하고 더 둔감한 가벼운 만족감을 얻을 것이고, 결국 모든 감각적 쾌락이 사라질 것이다. 아니면 그 자체의 불만을 낳게 될 것이고, 적어도 그 만족감이 즐거웠던 만큼 고통스러울 것이다.

사람들은 이 두 가지 전략 중 하나를 선택하면서 불행과 불만을 피하려고 노력하는 것이 더 나을지도 모른다. 그것이 쾌락으로 인한 고통의 강도를 피하는 길이다. 행복은 공급이 부족하지만, 불행은 그렇지 않다. 불행은 어디에나 있다. 불행은 언제든지 우리를 지워버릴 수 있는 탁월한 자연의 힘에서 나온다. 불행은 우리 자신의 몸으로부터 온다. 우리 몸은 거의 우리가 원하는 대로 작동하지 않으며, 결국에는 고장이 날 것이다. 그리고 불행은 가족·국가·사회 등 어느 쪽이든, 우리가 다른 사람들과 맺는 관계에서 발생한다.

불행은 쉬이 그리고 자연스레 우리를 찾아온다고 프로이트는 주장했다. 그러나 이것은 우리가 정면으로 부딪치고 싶지 않은 어떤 것이다. 그 대신 우리는 문명의 억압적인 본질과 같은 외부 요인에서 비롯된 우리의 불행을 탓한다. 우리는 "문명은 우리의 고통에 크게 책임이 있으며, 우리가 만약 문명을 포기하고 원시적인 조건으로 되돌아간다면 훨씬 더 행복해질 것이라고 우리 자신을 설득하고 싶어 한다".50 이 환상을 고수하기 위해 우리는 우리의 쾌락을 훔쳐온 문명을 비난한다. 규칙과 제한은 우리가 가장 원하고 즐기는 것들로부터 우리를 떼어놓는다. 프로이트에게 이것은 인간으로서 우리가 바라는 것을 결코 완벽하게 조율할 수 없다는 고통스러운 인식의 혼란을 노리는 환상일 뿐이다.

당연히 라이히는 프로이트가 『문명 속의 불만』에서 제시한 이론을 좋아하지 않았다. 인간의 행복, 성적 만족, 금욕을 넘어선 사회의 비전에 대해 프로이트가 주장했던 거의 모든 것을 노골적으로 반대했다. 라이히에게 『문명 속의 불만』은 프로이트의 체념과 암을 표현한 것이었다.

비록 행복은 『문명 속의 불만』이 출판될 때까지는 프로이트의 작품에서 중심 개념이 아니었지만, 그의 초기 저작 중 하나이며 프로이트가 30대 후반에 들어선 1895년에 출간한 『히스테리에 대한 연구Studies in Hysteria』를 비롯한 다른 몇 곳에서 찾을 수 있다. 프로이트는 이 책의 마지막 부분에서, 정신분석가의 핵심 임무 중 하나는 환자가 불행에 대해 자신을 더 잘 감싸도록 돕는 것이라고 설명한다. 환자들이 프로이트에게 자기들이 정신분석을 통해 어떤 방법으로 도움을 받을 수 있는지 물었을 때, 프로이트는 "만약 우리가 히스테리 상태의 심한 고통을 일반적인 불행으로 바꾸는 데 성공하면 많은 것을 얻게 될 것"이라는 유명한 답변을 했다.[51] 그 후 프로이트는 그의 육체적인 고통의 결과에 따라 행복에 대한 자신의 견해를 바꾸지는 않은 것으로 보이지만, 라이히가 주장했듯이 그의 경력 내내 행복에 대해서는 의심을 품었던 것 같다. 필립 리프는 이렇게 적었다. "프로이트는 그렇게 대단하지 않은 보통의 실험을 시작했다. 그의 교리는 행복을 보태줄 수는 없지만, 불행은 덜어줄 것을 약속한다."[52]

쇠퇴와 붕괴

라이히는 프로이트의 『문명 속의 불만』이 출판되었을 때 가족과 헤어졌고, 베를린으로 이주하여 공산당에 들어갔다. 베를린은 그에게 새로운 출발과 새로운 청중을 선사했는데, 오스트리아보다 훨씬 수용적이었다. 그러나 그 방문은 짧게 끝났다. 히틀러가 1933년에 권력을 장악하자 라이히는 신상에 두려움을 느껴 오스트리아로 되돌아왔다. 그가 떠난 직후, 그의 작품들은 프로이트를 포함한 다른 유대인 작가들의 작품과 함께 공개적으로 소각되었다.

1933년부터 제2차 세계대전이 발발한 1939년까지 6년간, 그는 스칸디나비아에서 지냈다. 처음엔 덴마크에 머물며 책 전반에서 마르크스주의 이론과 정신분석의 혼합을 시도한 『파시즘과 대중 심리학Fascism and Mass Psychology』을 자가 출판했다. 그가 다시 대중의 문제로 되돌아온 것이다. 라이히는 프로이트와 달리 대중이 근본적으로 위험하다고 생각하지 않았다. 사람들은 자신의 진정한 본성으로부터 단절되고 자신의 성생활을 두려워했을 때만 공격적으로 변한다고 했다. 그는 "권위 아래서 자라고 권위에 사로잡혀 있는 사람은 자기 규제의 자연법칙에 대한 지식이 없다"라고 적었다. 그는 계속하여 "그런 사람은 자기 자신에 대한 확신이 없으며, 자신의 성생활을 두려워한다. 왜냐하면 그는 자연스레 성생활을 하며 살아가는 것을 전혀 배우지 않았기 때문이다. 그리하여 그는 자신의 행동과 결정에 대한 모든 책임을 거부하고 방향 제시와 지도를 요구한다"[53]라고 했다. 파시즘은 사람들이 허약한 자존심으로 상처를 받았을 때 번창했다. "파시스트 정신은 노예가 되고 권위를 갈망하는 동시에 반항적인 '소인배'의 정신이다."[54]

라이히는 교사로 일하기 위해 덴마크로 이주했다. 처음에는 그가 원하는 영향력을 얻은 것처럼 보였지만, 그것은 오래 가지 못했다. 그의 추종자 중 한 사람이 그의 성性 정치적 의제를 기반으로 하여 덴마크 의회 의원 선거에 출마하면서 라이히는 젊은이들을 부패시키는 사상을 가진 논란이 많은 인물로 알려졌다.[55] 『파시즘과 대중 심리학』에 대한 반응은 대체로 적대적이었다. 덴마크 공산주의 신문에 실린 매우 격렬한 한 논평은 이 책에 반혁명적이라는 딱지를 붙였다. 결국 라이히는 덴마크 공산당에서 추방되었다.[56] 그의 체류 비자는 갱신되지 않았다.

라이히는 그가 몹시 싫어한 스웨덴에서 잠시 머문 후 노르웨이로 건너가 1939년까지 머물렀다. 거기서 그는 환자들이 옷을 벗고 등을 바닥에 붙이고 누워 다리를 하늘로 올리고 숨을 크게 쉬는 새로운 치료법을 개발했다. 그는 환자들에게 완전한 오르가슴에 이르기까지 편안하고 수용적인 자세를 취하도록 종용했다. 이 방법은 처음에는 오르가슴 요법으로 불렸지만, 나중에는 성격 분석적인 생장치료법(또는 생장요법) vegetotherapy으로 바뀌었다.[57] 라이히는 이런 종류의 치료법이 개인과 사회에 자유를 가져다주는 해방적인 목표가 있다고 믿었다. 필립 리프는 그의 『치료학의 승리Triumph of the Therapeutic』에서 이렇게 얘기했다. "여기엔 세상을 바꿀 (그러나 오직 자신을 바꾸는 방법으로만 가능한) 치료법이 있었다. 라이히에게서 이러한 사회주의의 가닥들은 구원의 교리를 형성하면서 치료에서의 기이한 메시아적 믿음을 뒤집는다."[58] 이후 라이히의 아들을 포함한 많은 환들이, 이 치료가 그들의 신체에 심각한 상해를 입혔다고 불평했다.

라이히는 이제 독일, 덴마크, 스웨덴에서, 그리고 공산당과 국제정신분석협회에서 쫓겨난 신세가 되었다. 환멸을 느낀 그는 공적 활동에서 물러나 자신의 과학 실험에 깊이 빠져들었다. 그는 그가 식물의 성장과 관련된 흐름이라고 불렀던 것을 관찰하고 싶어 했다. 그의 실험은 틀에 얽매이지 않은 독특한 것이었다. 예컨대 냄비에 다양한 음식물을 섞은 다음 현미경으로 그것을 관찰하며 연구하는 식이었다.[59] 이런 기이한 방법에도 불구하고, 아니 어쩌면 그것 때문에 그의 실험은 결국 성공을 거두었다. 아니, 그렇다고 믿었다. 1939년에 그는 그 당시 가장 위대한 과학적 발견 중 하나라고 생각하는 것을 관찰했다고 주장했다. 그는 우주 에너지의 한 형태인 일종의 방사선을 관찰했는데, 그것을 오르곤 에너지라고 불렀다. 이

에너지는 암을 포함해 어떠한 질병과도 싸울 수 있을 만큼 강력한 만병통치약이 될 것이었다.

1938년 파시즘이 노르웨이에 상륙하자 라이히는 그의 과학적 연구 활동을 잠시 접고 미국으로 탈출했다. 그는 뉴욕 퀸스구의 포레스트 힐스에 있는 2층짜리 벽돌집에 정착하여 실험을 재개했다. 오르곤 에너지가 공중에 떠다니는 것을 발견한 그는 이 에너지를 포집하고 담을 수 있는 상자를 고안하기 시작해 마침내 오르곤 축적기라는 것을 만들었다. 사람 한 명이 걸어 들어갈 수 있을 만한 크기의, 금속으로 옷을 입힌 나무상자였다. 라이히는 그 상자가 사람들의 오르가슴 잠재력을 높일 것이라고 확신했다. 1942년에 그는 메인주에 토지를 사서 오르고논Orgonon이라고 이름 붙였다. 그 후 6년 동안 평화롭게 실험을 계속했다.

그러나 ≪뉴 리퍼블릭The New Republic≫의 프리랜스 기자 밀드레드 이디 브래디Mildred Edie Brady(1906~1965)가 1947년 이 잡지에 라이히에 관한 흉포한 기사를 발표함으로써 이 모든 것이 바뀌게 되었다. 이 기사에서 라이히는 길고 하얀 코트를 입고 거대한 책상 앞에 앉아 있는 쉰 살의 건장하고 혈색 좋은 갈색 머리칼의 남자로 묘사되었다. 브래디는 냉소적인 논조로 라이히를 사회를 향해 편집증적인 조작을 일삼는 사기성 있는 정신분석가로 소개했다.

> 그의 이론에 따라 학생들을 훈련하고 환자들을 오르곤 축적기에 넣는 시간 사이에 짬을 내어, 그는 여러분들에게 거리를 걷고 있는 평범한 일반 사람들의 근본적인 성격이 얼마나 끔찍하게 썩었는지, 그리고 그가 환자들을 돌보는 홀 건넌방에서 인간 성격의 퇴폐한 '두 번째 층'을 드러내기 위해 흉하지 않은 껍질을 어떻게 벗겨내는지 이야기할 것이다.

브래디는 그 기사에서 라이히의 이론을 계속 조롱한 뒤 '점점 규모가 커지고 있는 라이히 추종 집단'이 문제의 정신분석기관 설립에 전적으로 책임이 있는 것은 아니지만, 실제로 일부 책임을 져야 한다고 덧붙였다. 그녀는 "약사, 배관공, 심지어 미용사들은 그들의 기술을 실행할 수 있는 면허가 있어야 하는" 반면에 "누구나 자신을 정신분석가라고 부를 수 있고, 작은 간판을 걸고 환자를 데려갈 수 있다"라고 썼다.[60]

≪뉴 리퍼블릭≫의 기사는 라이히에게 치명타를 날렸다. 그 기사가 나오자마자 식품의약국FDA에 라이히가 "환상적인 물질로 보이는 '오르곤'을 포집해 담는 장치를 환자들에게 제공하는 것으로 보이며, 이 장치 내 공간에 환자를 넣어 치료한다면서 그것(오르곤)을 축적하고 있다"라고 고발하는 편지가 배달되었다.[61] FDA는 조사를 시작하고 예고 없이 메인주에 있는 라이히의 사유지를 수색했다.

그 현장에서 250대의 오르곤 축적기가 조립되어 고객들에게 인도된 것을 알게 된 FDA는 "과학계 인사들이 상당한 수준으로 인정을 해준, 한 유능한 개인이 저지른 중대한 사기 사건이 여기서 일어났다"라고 보고했다.[62] FDA는 라이히가 일종의 성적 소동을 주도하고 있다고 의심했다.

FDA는 오르곤 축적기에 대해 사용금지 명령을 내렸고, 나중에 그 명령을 어긴 것이 탄로 났다. 결국 라이히는 2년 징역형을 선고받았고, 그의 오르곤 축적기와 문헌을 모두 없애라는 판결이 내려졌다. 한 달 후, FBI의 감독 아래 라이히의 축적기는 모두 도끼로 파괴되었고, 관련 서적들(총 251권)은 불에 태워졌다. 라이히는 이듬해 교도소에서 사망했다.

원치 않은 성혁명 지도자라는 유산

그러나 라이히는 곧 부활했다. 1960년대 후반에 학생들이 거리로 쏟아져 나오자 그는 반체제의 슈퍼스타로 변했다. 이제 그는 미치광이가 아니라 권위를 타도하고자 하는 새로운 반反권위주의자들의 타고난 지도자였다. 베를린에서는 시위자들이 라이히의 『파시즘의 대중심리학』을 출간했다. 프랑크푸르트에선 시위자들이 "라이히를 읽고 그에 따라 행동하라"는 충고를 들었다. 파리에서는 라이히의 추종자들이 소르본 대학교의 건물 벽에 "완전한 오르가슴"과 같은 라이히의 슬로건들을 낙서했다.

라이히의 인기는 보헤미안 좌파들 사이에서 훨씬 일찍 시작되었다. 1940년대 후반부터 이미 그는 반권위주의 사조에 심취한 젊은이들, 특히 당시 캘리포니아를 점령하기 시작한 새로운 보헤미안들 사이에서 숭배의 대상이 되었다. 1947년 ≪하퍼스Harper's≫의 기사에서 브래디 기자는 이 새 이주자들을 "코르덴바지와 검은색 셔츠"를 입고 "턱수염"을 기르고 "맨발에 샌들"을 질질 끌고 다니는 "이색 집단"으로 묘사했다. 이 젊은 보헤미안들은 "엉성한 판자벽을 추상적으로 칠해놓고, 아무렇게나 만든 탁자 위에 통조림 우유와 호밀 흑빵이 놓여 있으며, 나무 상자 위에는 사기로 된 재떨이와 책들이 펼쳐져 있는", "카펫이 깔려 있지 않은 방"에서 살았다. 그들이 즐겨 입에 올리는 낱말은 '다산多産의fecund', '절정의orgastic', '황홀한magical', '부드러운fluid', '자연스러운natural'과 함께 '정서적인affective'이었다. 그들은 무정부주의와 정신분석학을 혼합해 자신들의 철학을 만들어냈다. 즉, 한편으로는 "교회, 국가, 가족을 버려야 하고", 다른 한편으로는 "지옥 같은 집단 세계에서 섹스를 개인적 구원의 원천으로 제공하는 그런 철학이었다."[63] 부르주아적 도덕에 반기를 든 이 세대에게 프로이트는 완전히 구식이었다. 융Carl Gustav Jung(1875~1961)은 의심할 여지없는 매력적인 대안이었다. 그러나 최후의 영웅은 라이히였다. 브래디는 라이히의 저서 『오르가슴의 기능』이 "아마도 이 집단에서 가장 널리 읽히고 자주 인용되는 당대의 읽을거리였을 것"이라고 했다.[64] 대부분의 이런 사람들에게 무정부주의는 주로 섹스를 위한 일종의 편리한 변명에 불과했지만, 라이히를 추종하는 것은 당신도 정치와 성을 결합할 수 있다는 것을 의미했다. 라이히의 논문에 적힌 다음과 같은 견해가 젊은 보헤미안들에겐 주요한 믿음의 대상이 되었다.

> 다른 사람들이 대부분 심령병으로 고통당하지 않고 늘 당신들만큼 건전한 사람들이었다면, 인위적인 강제나 법적 금지 또는 국가의 어떤 억압적인 기구가 필요 없었을 것이다. 모두가 건전하게 자기 규제적이었을 것이며, 모두가 '자연 생물학적 법칙'에 자유롭고 자발적으로 대응했을 것이다. 바꿔 말하면 생식선 혁명에 의한 광범위한 성적 능력의 고양을 통해 우리는 철학적 무정부주의자의 이상적인 세계를 만들어낼 수 있었을 것이다.[65]

브래디의 글이 1940년대 후반에 책으로 출판되었을 때, 캘리포니아의 젊은 보헤미안들은 여전히 숫자가 적었으며 그 영향력도 제한적이었다. 그러나 그것은 곧 바뀔 것이었다. 그 후 수십 년 동안 미국의 반문화 체제가 폭발하면서 캘리포니아는 그 주요 무대가 되었다. 미국의 소설가 노먼 메일러Norman Mailer(1923~2007)는 1957년에 발표한 한 예언적인 논문에서 "대중적 순응이라는 공허한 위선"이 끝나가고 있다고 주장했다. 그는 "폭력과 새로운 과잉흥분, 그리고 혼란과 반란의 시대가 순응의 시대를 대체할 것"임을 논증했다.[66] 메일러는 제2차 세계대전이 발발하여 강제수용소에서 수백만 명의 사람들이 살해됨으로써 "개인을 용기로 버티게 하는 것은 불가능했다"라고 주장했다. 전쟁이 끝난 후의 세월은 인습 존중과 의기소침의 세월이었고, 이로 인해 미국인들은 "집단적으로 신경증을 앓게 되었다"는 것이다.[67] 그러나 메일러는 이 모든 것이 곧 바뀌려 하고 있다고 생각했다. 미국인들은 자신들의 다른 모습을 보여주기 위해 힙스터hipster•가 주도해 온 실존주의, 또는 그들 역시 '흰 흑인'이라고 불렀던 것에서 그들만의 버전을 고안해 내고 있었다. 힙스터에게는 진정한 삶을 살아가는 것이 절대적으로 필요했으며, 그 결과 "사회로부터 스스로를 분리하여 뿌리 없이 존재하며, 자아의 반항적인 명령 속으로 그 미지의 여행을 시작해야 했다".[68]

메일러는 빌헬름 라이히가 이 세대의 가장 중요한 선구자 중 한 명이라고 주장했다. 라이히의 별난 분석 방법과 그의 오르곤 축적

• 1940년대 주류 문화로부터 도피하여 흑인 비밥 재즈에 열광하면서 그들의 패션과 생활 방식을 모방했던 젊은이들을 말한다.

기 사용은 정신분석의 관습으로, 특히 환자를 더욱 기능적인 대상으로, 그리고 한 걸음 더 나아가 고분고분 말 잘 듣게 만들어 분석하기 위한 일종의 분석 유형으로 자리 잡았다. 메일러는, 이런 유형의 분석이 가지는 위험은 환자를 진정시키지 못하고 그를 쓰러뜨리는 것이라고 생각했다. 환자는 "덜 나쁘고, 덜 좋고, 덜 밝고, 덜 고집세고, 덜 파괴적이고, 덜 창조적이 되었다". 분석이 끝나면 "환자는 처음에 신경증을 일으켰던 모순적이고 견딜 수 없었던 사회에 순응할 수 있게 될 것이다."[69] 정신분석은 환자를 새롭고 활기찬 개인으로 바꾸는 게 아니라 그를 멍하고, 생기 없고, 지치게 했다. 정신분석은 그가 혐오하는 것에 순응하게 해주었다. 그에게 더는 맹렬히 혐오할 열정이 없었기 때문이다.[70]

라이히의 이론과 그 실행 목적은 순응의 사슬에서 인간을 벗어나게 하여 그들이 왕성한 성생활을 할 수 있게 하는 것이었다. 완전한 오르가슴에 도달할 수 있게 해주는 라이히의 치료법은 "완전한 오르가슴은 그들의 가능성을 열어주고, 불완전한 오르가슴은 그들을 가두는 것"이라는 메일러의 말을 알고 있는 힙스터들에게 더할 나위 없이 적합한 것이었다.[71]

라이히 외에 이 세대의 또 다른 지적 선구자는 작가 헨리 밀러 Henry Miller(1891~1980)였다. 성을 노골적으로 묘사한 그의 책들은 미국에서 금지 도서가 되었는데, 밀러는 캘리포니아에 정착한 최초의 상징적인 보헤미안 중 한 사람이었다. 밀러는 유럽에서 10년간 의 유랑생활을 마치고 돌아온 직후 빅서 지역의 그림 같은 풍경에 반해 그곳에 머물기로 했다. 몇 년 전, 그가 로스앤젤레스에서 몬테레이로 해안을 따라 드라이브를 할 때 처음 보았던 곳이다.[72] 밀러가 영주하기로 한 빅서는 새로운 보헤미안들 사이에서 명성을 얻었다. 역사가 제프리 크리팔Jeffrey Kripal(1962~)은 밀러에 대해 다음과 같이 말했다. "섹스, 금지된 문학과 정치적 무정부상태의 메카로 자리 잡을 빅서에 전설적인 문학적 실재를 만들어내려고 했다."[73] 빅서에서 10년 이상 거주한 밀러는 1957년에 그곳에 대한 전폭적인 애정을 드러낸 책을 출간했다. 그의 초기 소설에 나타났던 노골적인 성적 묘사는 이제 사라졌고, 제프리 크리팔이 "대체로 성적인 내용을 그린 신비주의"라고 일컫는 것으로 바뀌었다.[74]

밀러의 친구들이 빅서로 이사 와 그와 합류하면서 이제 그곳은 몇몇 서클 사이에서 전원적인 '서부 그리니치 마을'로 불리게 되었다.[75] 그리고 1962년에 스탠퍼드 대학교 졸업생 마이클 머피Michael Martin Murphy(1945~, 미국의 가수 겸 작곡·작사가)와 리처드 프라이스Richard Price(1941~, 미국의 인류학자 겸 역사학자) 이 둘이 이곳에 에설런 수련원을 개원함으로써 이 지역이 온 세계에 자유를 팔러 다니는 미국인들에게 인기 있는 곳이 되었다. 이곳에서 처음으로 열린 세미나는 앨런 와츠Alan Wilson Watts(1915~1973, 영국 출신의 미국 철학자 겸 문필가)가 마련했는데, 그의 실험적 연구는 서양 심리학과 아시아 탄트라Tantra•가 비정통적으로 융합한 것이었다.[76] 1962년 봄에 프라이스와 머피는 더 많은 세미나를 개최하기 시작했으며, 그해 여름에는 가을용 프로그램을 함께 마련했는데 내가 이 책 서론에 쓴 것처럼 그 주제는 인간의 잠재력에 관한 것이었다. 이 개념은 프라이스가 그보다 2년 전에 캘리포니아 대학교 샌프란시스코 메디컬 센터에서 있었던 올더스 헉슬리의 강의를 듣고 고른 것이었다.[77] 헉슬리는 '인간 잠재력'이라는 강연에서 인간은 제대로 사용하지 못하는 방대한 정신적·지적 자원을 내면에 가지고 있다고 주장했다.

그해 가을에 에설런에서 열린 한 세미나에는 초심리학超心理學, parapsychology, 마음을 여는 마약mind-opening drugs, 주술呪術, 행동주의, 예술, 종교에 관한 토론이 포함되었다. 그 세미나 장소는 프란츠 메스머Franz Anton Mesmer(1734~1815, 최면술의 창시자로 불리는 독일의 의사), 에마누엘 스베덴보리Emanuel Swedenborg(1688~1772, 스웨덴의 과학자이자 신학자), 융, 프로이트의 철학과 심리학을 전통적인 기독교와 동양의 신비주의에 융합시키는, 새로운 실험적인 사상들을 위한 용광로가 되었다. 그 협회를 정의해 달라는 요청을 받았

• 베다 성립 이후에 형성된 산스크리트 경전이다.

을 때, 머피와 프라이스는 "인간 잠재력의 탐구에 헌신하는 대체 교육 센터"라고 했다.

이후 10년 동안 칼 로저스Carl Ransom Rogers(1902~1987, 미국의 심리학자), 에이브러햄 매슬로Abraham Harold Maslow(1908~1970, 러시아 출신 미국 심리학자), 앨런 와츠, 올더스 헉슬리, 제럴드 허드Gerald Heard(1889~1971, 영국 출신의 미국 과학자, 교육자) 등 저명한 인물들이 행렬을 이루며 이 수련원을 찾아왔다. 그들이 이곳에서 벌인 활동은 1965년 ≪룩Look≫의 편집자 존 레어너드John Leonard가 만든 관용구 '인간 잠재력 운동'으로 나중에 알려졌다.[78]

그러나 프리츠 펄스가 했던 방식으로 에설런을 정의한 사람은 아무도 없었다. 펄스는 1930년대에 베를린에서 라이히와 함께 3년간 정신분석 업무에 종사했다.[79] 그 후 펄스는 라이히의 오르가슴과 정치에 대한 사상을 받아들였고, "그것으로 일종의 남근男根 관련 종교를 만들었다"고 말한다.[80]

1964년 펄스는 에설런에서 미국 영주권을 취득했다. 그때 그는 70대였는데, 게슈탈트 치료Gestalt therapy와 관련된 선구적인 업적으로 잘 알려져 있었다. 그가 에설런에 도착했을 때 "셔츠와 스포츠 재킷을 입고 있었는데, 곧 밝은 색상의 점프슈트로 갈아입었다". 그는 "수염과 머리카락을 길게 길러서 방탕한 산타클로스 같았다". 그의 아내 라우라 펄스는 남편을 "반은 선지자고, 반은 부랑자"라고

얘기하곤 했다.[81]

펄스가 우리의 이 논의를 흥미롭게 만드는 이유는 라이히와의 관련성뿐만 아니라 그의 치료가 환자를 치유할 수 있는 하나의 방법으로서 모든 제약에서 자아를 자유롭게 하는 환상을 이용했기 때문이다.

에설런에서 그는 환자 1인당 46달러를 받고 주말 과정의 게슈탈트 치료를 실시했다. 1964년도에 나온 브로셔에는 이렇게 쓰여 있다. "의사 펄스는 게슈탈트 치료의 기본 개념을 설명하며, 자아의 파괴적 분열에 대한 인식을 넓히고 치유하기 위해 개발해 온 방법 중 일부를 실례를 들어 보여준다." 이 방법에는 대화의 활용(치료사와 환자 사이, 그리고 자아의 여러 측면 사이)이 포함된다. 사실상 이는 자원봉사자가 펄스 옆에 앉았다는 것을 의미했다. 이것은 "뜨거운 자리hot seat에 앉는 것"으로 불렸다. 목표는 그들의 방어 기재를 깨는 데 있었다. 그 '뜨거운 자리'에 앉은 환자들은 자신의 꿈을 설명한 다음 그 꿈과는 다른 인물을 연기하라는 요청을 받았다. 결과적으로 이것은 감정을 자극하는 1인 심리극이었다. 그들은 연기 도중에 소리쳐 울부짖고 비명을 지르는 용기를 갖게 되었다. 한 과정이 끝날 무렵 환자들은 펄스의 이마에 키스했을 것으로 예상된다.[82]

비록 펄스는 철학에 대해 깊이 생각하지 않았지만[그는 그것을 '남을 자유자재로 조종하기mind-fucking' 또는 세계 최악의 직업군에 들어가는

'코끼리 배설물 검사하기elephant shit'[83]로 생각하기를 좋아했다], 그의 세미나 교육에는 명백한 철학적 토대가 있었다. 그는 인생은 한 편의 긴 연극이고, 그들은 모두 배우라는 것을 사람들에게 이해시키고자 했다. 이 진리를 인정함으로써 그들은 자신의 삶에 대해 주인의식을 가질 수 있었다. 크리펄은 이렇게 설명한다. "그것은 자신의 연기 대본을 알고는 다른 사람의 대본으로 살아가길 거부하고, 오로지 자신이 선택한 공연에 전적으로 책임을 진다는 것이었다."[84]

라이히와 마찬가지로, 펄스는 필시 존재의 본질을 숨기고 있을 인격의 불확실한 층層들을 뚫고 나아가기를 원했다. 그는 환자들의 이 숨겨진 자아를 끌어내어 그들을 '온전하고' 더 '진정한' 사람으로 만들고 싶었다. 그는 자신의 치료 기술을 뇌 세척과 유사한 것이라고 했는데, 이것은 세뇌를 의미하는 것이 아니라 우리가 지닌 모든 정신적인 쓰레기들을 뇌에서 씻어내는 것을 의미했다.[85] 에설런의 각 워크숍은 참가자들이 게슈탈트 기도문 "나는 이 세상에서 너의 기대에 부응하기 위해 살아가고 있는 것이 아니다", "너는 너고, 나는 나다"와 같은 구절을 반복해 읽는 것에서 시작한다.

1960년대와 1970년대 내내 수천 명의 사람들이 자기 내면의 자아를 찾겠다는 희망으로 미국 전역의 자기계발센터로 몰려들었다. 이 수련원 중 많은 수가 라이히의 성적 해방 개념을 수련의 중심 개념으로 삼고 있었다. 불과 10년 전만 해도 인간의 자아에 대해 기만적이고 아주 불쾌한 생각으로 여겨졌던 것이 이제는 아메리칸 드림의 새 버전으로 통합되어 자아실현을 추구하게 되었다.

그러나 라이히의 사상은 학생들, 반체제적인 히피족들, LSD 환각제에 열중하는 반권위주의자들로 이루어진, 함성을 지르는 군중 속에서만 볼 수 있는 것이 아니었다. 그 사상은 또한 주류 심리학 속에 통합되었다. 1930년대에 정신과 치료법은 사람들을 정상적인 상태로 '조정하는' 방법을 찾는 데 집중했다. 역사학자 잭슨 리어스 T.J. Jackson Lears(1947~)가 지적한 바와 같이, 정신분석가들은 이제 "특정 증상의 제거보다는 환자의 삶에 대한 전체적인 적응과 개선"에 대처하기 시작했다.[86]

자아심리학으로 알려진 정신분석학의 한 특정 분파는 환자의 방어 심리를 분석하는 라이히의 방법을 채택했다. 미국 문화의 핵심 가치에 심리학을 적용함으로써, 이 분파의 치료 방법이 1950년대에 지배적인 치료 관행이 되었다.[87] 그 치료 관행이 인간의 자아 안에 충돌 없는 영역이 있다는 가정에 근거해 자아에 대한 프로이트 이후의 개념을 고안해 낸 것이다. 치료의 역할은 이 영역의 정확한 위치를 찾아내어 환자가 강력하고 자율적인 자아를 계발하도록 돕는 것이었다. 이 새로운 치료법을 홍보하면서 정신분석가들은 '공통적인 불행'보다 더 많은 것을 제시할 수 있었다.

그러나 진정성과 성적 해방이 수많은 미국인 사이에서 새로운 목표가 되면서, 심지어 프로이트식 정신분석의 이 '행복화' 버전조차도 사람들을 끌어들이기 위해 분투하고 있었다. 그것은 너무 많은 비용이 들고, 너무 많은 시간을 요구하며, 구체적인 결과를 충분히 제공하지 못했다. 한편 미국에서는 새로운 인본주의 치료법이 등장했다. 프로이트의 분석과는 달리 그것은 시대정신에 더 잘 적응했으며, 칼 로저스와 에이브러햄 매슬로 같은 종사자들은 사람들의 더 긴급한 필요를 충족시킬 수 있는 준비가 되어 있었다. 『치료 앞에서 하나 된 국가One Nation Under Therapy』에서 철학자 크리스티나 소머스Christina Hoff Sommers(1950~)와 정신과 의사 샐리 사텔Sally Satel(1956~)은 이러한 '인본주의자' 심리학자들을 프로이트주의와 인간 정신병리학에 대한 끊임없는 집중에 대응하는 이들로 묘사했다.[88] 이 치료사들은 치료는 자아실현을 이루는 능력을 부여한다고 주장함으로써 프로이트주의자들보다는 행복을 더 낙관적으로 생각했다. 더 나은 것이라고 해서 더 비싸고 더 오래 걸릴 필요는 없었다. 사회학자 에바 일루즈Eva Illouz가 지적하는 바와 같이, 이 운동은 "그러한 자아의 발굴이 필요하든 처음부터 만들어져야 하든 간에 자신의 진정한 자아를 돕는 것"을 목표로 했다.[89]

1950년대 후반 라이히가 죽은 지 불과 1년 만에, 그의 사상은 새로운 치료운동에서는 물론이고 캘리포니아의 자아를 탐험하는 보헤미안들 사이에 흡수되었다. 진정한 자아와 성적 쾌감 추구를 기반으로 한 행복이라는 환상은 이제 더는 미친 사람의 생각으로 여겨지지 않았다. 그러한 사상들이 주류가 된 것이다. 그러나 이것은 시작에 불과했다. 다음 장에서 볼 수 있듯이 행복하고 성취된 삶을 사는 것이 무엇을 의미하는지에 대한 이 특별한 개념은 모든 종류의 영역에 영향을 미쳐 새로운 작업 방식뿐만 아니라 내가 강박적 나르시시즘이라고 부르게 될 것으로 유도하는, 자아와 관련된 새로운 방식으로 발전할 것이다.

2장

강박적 나르시시즘

어떤 사람이 되어야 하나?

간혹 그것에 대해 여러 생각을 할 때가 있는데,

결국 '유명인사'가 되어야 한다고밖에 말할 수 없다.

세일라 헤티, 『어떤 사람이 되어야 하는가?』[1] 에서

자기중심주의 시대 10년

1976년 톰 울프Tom Wolfe(1931~, 미국의 작가 겸 언론인)는 ≪뉴욕New York≫에 「'자기중심주의 시대' 10년과 세 번째 대각성The "Me" Decade and Third Great Awakening」이라는 긴 논문을 발표했다.[2] 잡지의 표지에는 가슴 부위에 "Me"라고 쓴 노란 티셔츠를 입은, 백인 남성과 여성이 다수를 이루는 29명의 사람이 서로 밀착해 서 있는 사진이 실렸다. 마치 월드컵 결승전에서 막판 골을 터뜨리기라도 한 것처럼 그들은 모두 카메라를 보며 집게손가락으로 자신들을 가리키고 있다.

'나르시시즘'은 물론 그리스 신화 중 젊고 아름다운 나르키소스의 이야기에서 유래한 말로, 요정 에코의 구애를 거절한 그는 여신 네메시스의 저주를 받아 연못에 비친 아름다운 자신의 모습에 반해 사랑에 빠진다. 나르키소스는 자신의 사랑이 받아들여지지 않고, 자기 스스로 목숨을 끊을 것이라는 사실을 깨달을 때까지 물속에 비친 자신의 모습에서 눈을 떼지 못하고 있었다. 이 나르키소스의 전설은 여러 차례 재해석되었지만, 1898년에 성 연구학자 엘리스 Henry Havelock Ellis(1859~1939, 영국의 의학자 겸 문명비평가)가 '나르시시즘'이라는 용어를 만들어 '사색 몰두 및 자기 예찬' 상태와 연결할 때까지는 그렇지 않았다.[3] 프로이트는 1914년부터 쓴 논문 「나르시시즘 서론On Narcissism: An Introduction」에서 모든 어린이에게 일종의 초기 나르시시즘이 존재한다[4]면서 이것을 어린이의 성 발달에 필요한 단계로 추정했다.

1970년대에 나르시시즘은 정신분석학 외부의 사람들, 특히 미국의 언론인과 사회비평가들에게도 관심사가 되었다. 그들은 1960년대에 환멸에서 생겨난 듯한 문화, 그리고 자기 성취와 진지성의 이상을 찬양하는 문화, 즉 점점 성장해 가는 이기주의 문화로 인식해 왔던 것을 수식하는 적절한 말을 찾던 중이었다.

이 세대의 미국인들은 지난 수십 년간의 경제성장으로 혜택을 입은, 평범하게 직장에 다니거나 일하는 남성과 여성으로 묘사되었다. 그들은 필립 리프가 '선택권의 충만plenitude of option'이라고 표현할 정도로, 물질적으로나 정신적으로 풍요와 쾌적함을 누렸다.[5]

결핍에서 풍요로 전환되면서 그들은 시간과 돈을 그들 자신과 자신의 내적 자아를 발견하고 잠재력을 발휘하기 위한 노력에 사용하는 것보다 돈을 더 잘 쓸 수 있는 다른 방법을 생각할 수 없었다. 울프에 따르면 이 모든 것이 에설런 수련원에서 시작되었다. 그는 이곳을 사람들이 "개성에 알맞은 윤활 작업"을 위해 찾았던 곳으로 묘사했다.

1960년대 급진적인 단체들이 지지해 온 행복이라는 환상은 이제 중산층의 관심사가 되었다. 라이히의 진정한 자아와 성적 해방에 대한 개념은 더는 사회주의 또는 사회 전복 욕구와 관련이 없어졌으며, 개인적인 행복을 얻기 위해 추구되었다.

더 나아가 자아실현은 이제 막대한 수입과 새로운 비즈니스 기회로 향하는 길이 되었다. 이 새로운 인식 과정에 참가한 이들은 합법적으로 그들에게 속한 것을 획득하고 즐기는 법을 배웠다. 올더스 헉슬리가 개발한 인간 잠재력에 대한 본래 메시지는 이제 이기심 추종으로 변모했다. 이러한 변화는 인간 잠재력에 대한 비전에서 전문가로서의 성공과 거대한 부를 향한 경향에 맞춰 행복과 자아실현을 결합한 교활한 판매원과 동기부여 지도자들이 주도했다.

톰 울프가 쓴 논문의 첫 장면은 이와 같은 장소 중 한 곳에서 개최된 에르하르트 세미나 수련erhard seminar training(또는 소문자로 'est')이라는 프로그램 중 하나인데, 호텔 무도회장에 수백 명이 바닥에 누워 있는 장면이었다. 각 참가자는 자신의 삶에서 가장 제거하고 싶었던 것을 큰소리로 외쳤다. 그들 중 일부는 남편과 아내한테서 벗어나길 원했다. 다른 이들은 그들의 동성애와 자기 증오를 제거하고 싶어 했다. 또 다른 사람들은 발기부전이나 알코올중독을 제거하길 원했다.

1971년부터 1984년 사이에 70만 명이 자신의 행동과 상황에 대한 완전한 책임을 어떻게 받아들여야 하는지 배우기 위해 est에 왔다. 참가자들이 교육을 끝내고 '당초 원했던 것을 얻었을' 때, 그들은 세상에 희생자가 없다는 것을 이해했다.

베르너 에르하르트의 성공과 실패

1953년, 열여덟 살인 존 폴 로젠버그John Paul Rosenberg는 결혼을 했다. 그로부터 6년이 지나 네 아이의 아버지가 된 그는 필라델피아에 있는 가정을 버리고 떠났다. 그는 자기의 이름을 베르너 에르하르트Werner Erhard로 바꾸고, 샌프란시스코로 옮겨 가 백과사전 판매를 시작했다. 캘리포니아는 1960년대 중반에 영적 모험, 마약 주입 실험, 개인의 자유를 외치는 활기 넘치는 곳이 되었다. 1962년 개설 이후 est는 하루가 다르게 성장했다. 첫해에는 네 강좌뿐이었는데 1965년에는 20개 이상의 강좌를 개설했다. 1968년 최전성기에는 개설된 강좌가 129개나 되었다.[6]

기민한 세일즈맨 에르하르트는 이곳이 발전의 여지가 많은 미개발 시장이라는 것을 알았다. 스티븐 프레스먼Steven Pressman(1952~, 미국 경제학자)은 에르하르트에 대해 상세히 쓴 호의적이지 않은 글

「너무나 충격적인 배신: 베르너 에르하르트, est로부터 망명에 이르는 어둠의 여정Outrageous Betrayal: The Dark Journey of Werner Erhard from est to Exile」에 이렇게 썼다. "방문판매원들을 녹초로 만드는 세계에서 살고 있는 베르너 에르하르트는 상업주의의 실행과 샌프란시스코 전역에서 폭발적으로 퍼진 인간 잠재력 운동에서 나오는 자유로운 사상 사이의 공생 가능성을 재빨리 인식했다."[7]

에르하르트는 에설런 워크숍에 직접 참가한 적은 없었지만, 앨런 와츠의 선禪, Zen과 관련된 라디오 프로그램을 상당히 즐겼다. 앞서 언급했듯이 와츠는 에설런에서 처음이자 가장 인기 있는 전문가 중 한 명이었다. 그는 동양의 신비주의를 환각제 사용 및 개인의 자유에 대한 갈망과 결합시켰다. 영향력이 큰 또 다른 것은 펄스와 그의 게슈탈트 치료였다. 나중에 에르하르트는 참가자들의 철벽같은 방어 논리를 무너뜨리는 자신의 대결 방식을 개발할 때 펄스의 방식, 특히 악명 높은 '뜨거운 자리' 방식을 차용했다.

와츠나 펄스와는 달리 에르하르트는 대히트한 나폴레옹 힐Napoleon Hill(1883~1970, 미국의 작가)의 선언문 『생각하라, 그리고 부자가 되라Think and Grow Rich』와 데일 카네기Dale Carnegie의 「친구를 사귀고 영향을 미치는 법How to Win Friends and Influence People」[8]과 같은 1930년대의 고전적인 자조문학에서 강한 영감을 얻었다. 이 책에서 에르하르트는 강인한 의지가 있는 개인의 매력적인 이미지와 산을 옮기고 상황을 바꾸고 중요한 비즈니스 거래를 마무리할 수 있는 놀라운 능력을 발견했다. 또 다른 영향은 사이언톨로지 Scientology•에서 받았다. 1968년 후반에 에르하르트는 그 커뮤니케이션 입문 과정에 등록했다. 그는 비록 반신반의했지만, 2년 동안 사이언톨로지스트들과 계속 접촉했다. 1970년 12월, 그는 그들의 커뮤니케이션 과정을 마케팅하는 데 더 적극적으로 참여해야 했기 때문에 갑자기 그들 그룹에서 탈퇴했다. 그 대신 그는 홀리데이 매직Holiday Magic이라는 다단계회사에 입사했는데, 이 회사는 제품과 서비스에 대한 풍부한 메뉴의 일부로 마인드 다이내믹스Mind Dynamics라는 강렬한 동기부여 교육을 제공했다. 에르하르트는 직접 교육에 참여했고, 그 후 강사가 되었다. 1971년 1월, 에르하르트는 샌프란시스코의 가맹점 영업권을 인수해 홀리데이 인 호텔에 32명의 학생으로 첫 공식 수련 과정을 개설했다.[9] 그는 거기서 크게 성공했다. 그의 동료 강사들은 자신들의 수업에 30명을 끌어들이기 위해 갖은 노력을 다해야 했지만, 에르하르트는 100명에 이르는 사람들도 거뜬히 유치했다.[10]

에르하르트는 혼자서 더 잘할 수 있다고 확신하고, 마인드 다이내믹스를 떠나 독립적인 사업을 시작한다고 발표했다. 그는 그것을

• 신흥 종교의 하나이다.

에르하르트 세미나 수련Erhard Seminar Training이라고 불렸지만, est라는 소문자 약어 사용만 선호했다. est는 라틴어로 'it is'를 의미하기 때문에, 그는 'is'라는 단어가, 그 모든 단순함 속에, 이곳의 교육의 내용을 잘 간파해 반영했다고 생각했다.4일 동안 열정적으로 실시한 프로그램 마지막 날에 에르하르트가 말했듯이 수련생들은 'What is, is, and what ain't, ain't'라는 메시지를 완전히 흡수한 것으로 생각되었다.[11]

est는 즉시 성공을 거두었고, 이 새로운 교육 프로그램에 대한 소문이 빠른 속도로 퍼져나갔다.

에르하르트 수련은 분명히 에설런에서 그의 선구자들이 사용한 신비하고 영적인 언어에 근거했지만, 에르하르트는 거기에 실용적인 요소를 추가했다. 한 세미나에 참석하는 것으로는 영혼과 정신을 위한 유용한 경험이 되지 않았을 것이다. 좀 더 실체가 있는 것을 성취해야 했다. 역시 이것이 많은 사람에게 호소력 있게 다가갔다. 즉, 프로그래머들은 근본적으로 집중적이고 실용적이었으며, 사람들을 더 효율적이고 성공적인 사람으로 만들겠다고 약속했다.

이 수련은 대개 대형 호텔 무도회장에서 실시되었다. 각자 250달러를 낸 참가자들은 주말에 이틀 동안 집중적으로 수련하고, 다음 주말 이틀 동안 다시 시행하는 수련으로 전 과정을 마치게 된다. 첫날엔 모든 참가자가 착석한 후 에르하르트의 보조원 중 한 명이 긴 규칙 목록을 읽는 것으로 수련이 시작된다. 참가자들은 자리를 비울 수 없으며, 심지어 (짧은 휴식 시간을 제외하고는) 화장실에도 가서는 안 된다. 음주와 간식은 허용되지 않았다. 수련은 오전 9시에 시작해 적어도 자정까지, 때로는 새벽 4시까지 계속되었다. 식사를 위해 단 한 번의 휴식만 있었다.

그래서 그 보조원이 규칙을 다 읽은 후, 에르하르트가 교실로 뛰어들어 와 마이크를 잡고 다음과 같은 자극하는 말로 강연을 시작했다.

> 이번 훈련으로 여러분은 여러분이 가장 멍청한 녀석들처럼 행동해 왔다는 것을 깨닫게 될 거요. 여러분의 모든 지독한 영악함과 자기기만이 여러분을 사로잡은 겁니다.[12]

시작은 강렬했다. 한 시간에 걸친 수련은 수련생들을 모욕하는 과정으로 구성되었다. 수련생들은 자신에 대한 믿음, 그리고 그들의 삶과 이성, 논리, 이해에 대한 우스꽝스러운 개념에 뿌리를 둔 자신과 자신의 삶에 대한 믿음에 집착하는 "모두 쓸모없는 인간들"이라는 말을 들었다.[13]

그날 하루는 참으로 긴 날이었고 15시간의 수련이 끝날 무렵 모든 참가자는 바닥에 누워 눈을 감고 '과정processes'이라는 명상 과

제에 몰두했다. 표면상으로는 참가자들이 '자신의 경험을 창조할 수 있게' 하는 것 같았다.[14]

둘째 날은 진실에 헌신하는 날이었다. 여기서 에르하르트는 이전에 사이언톨로지와 마인드 다이내믹스에 참여할 때 체득한 방법을 이용했다. 그것은 모든 참가자가 바닥에 눕고, 눈을 감고, 스스로 벗어나려는 특정 항목에 집중하는 집단 심리치료 과정으로 설명될 수 있다. 프리츠 펄스의 기교로 영감을 얻는 과정에서, 참가자들은 시간을 거슬러 여행하고 그들 기억의 어두운 구석들을 검색함으로써 가장 없애고 싶고 아리게 하는 항목을 추적하고 식별하라는 요청을 받았다. 나르시시즘에 대한 그의 소론에서 울프는 est에 관해 이야기했다. 그는 사람들이 악마와 마주쳤을 때 울고 비명을 지르는 모습을 설명했다. 다른 사람들은 구토를 했다. 토사물을 담을 봉지가 준비되어 있었다. 한 여성이 "으흐흐흐 ……!" 하며 신음하기 시작했다. 울프는 얘기를 계속했다. '그리고 그녀가 신음하기 시작할 때', 매우 믿기 힘들고 기분을 들뜨게 하는 일이 일어나기 시작한다. 신음의 물결이, 마치 그녀의 에너지가 레이더 파동처럼 방사하고 있는 것같이, 그녀 주위에 누워 있는 사람들을 통해 퍼져나가는 것이다. 그녀는, 그녀의 '날카로운 소리'가 전에는 절대로 절규하지 않았던 것처럼 진정한 비명으로 변하게 했으며, 그녀의 모든 비명은 "영혼에서 영혼으로, 간절함과 그리고 서서히 사라지는 신

음 위로" 확산한다.15

둘째 날에는 '소 곯리기'•, '정면으로 마주치기', '위험한 과정'으로 불리는 일련의 훈련으로 끝을 맺는다. 이 과정에선 수련생들은 먼저 무대에 올라가 에르하르트의 직원 중 한 명과 직접 대면해 심한 모욕을 당한다. 그런 다음 그들은 다른 모든 사람을 병적으로 두려워했다고 상상하면서 카펫 위에 누워 있어야 한다. 그리고 이 시점에서 그들이 신경쇠약 지경까지 몰렸을 때 오랫동안 기다려온 반전이 찾아온다. 그들은 다른 모든 사람이 그들을 두려워했다고 상상해야 했다. 여기서 두려움은 그들 스스로 벗어날 수 있는 머릿속의 추정이라는, 순전히 상상의 산물임을 깨달으면서 안도감이 생겨났다고 한다.

일주일 후, 에르하르트의 일련의 긴 강의로 구성된 세 번째 훈련을 하기 위해 전과 같은 사람들이 모여들었다. 에르하르트는 현기증 날 정도로 다양한 자료에 담긴 이론들에 근거해 자신의 특유한 철학을 설파했다. 그의 강의는 수강생들에게 이전에 현실과 비현실로 생각했던 것을 극적으로 다시 생각하게끔 자극했다. 넷째 날이자 마지막 날에는 이른바 당신이 무엇인지에 대한, 그리고 당신이 하는 모든 일에 당신의 책임이 있다는, 지혜가 최고조에 이르는, 장

• 개를 부추겨 소를 곯리는 영국의 옛 구경거리를 일컫는다.

장 10시간 동안 긴 강의가 이어졌다.[16]

est는 대단히 인기 있는 수련 프로그램이 되었지만, 참가자 모두가 만족한 것은 아니다. 한 수련생은 이 수련에서 어떤 것을 배웠느냐는 질문에 "예, 나는 230명의 수련생들 앞에 서서 '당신들은 지겨운 녀석들일 뿐이야'라고 말하는 것을 배웠습니다"라고 말했다.[17] 그러나 수련 과정은 참가자들이 소속감을 가질 수 있게 교묘하게 짜여 있었다. 결국 모두가 시험에 합격하고 '얻게 될 것'이었다. 특히 처음부터 요점을 이해하기 위해 애쓰고 있는 사람들이 그러했다. 4일간의 수련이 끝날 즈음에 그들은 "여러분들은 얻었습니까?"라는 질문을 받았다. 많은 사람들이 그 질문에 찬성하는 표시로 팔을 들어올리며, 그 메시지를 이해했다고 말했다. 그러나 대체로 그들 중에는 "얻지 못했다"고 말하는 사람들이 더 많았다. "좋아요good"라는 말은 그들이 일종의 의사疑似 비트겐슈타인Psedo-Wittgensteinian 전환으로 받은 대답이었다. "얻는 것은 아무것도 없었다."[18]

1975년에 언론인 피터 마린Peter Marin은 잡지 ≪하퍼스≫에 「새로운 나르시시즘New Narcissism」이라는 글을 썼다. 이 글에서 그는 "개인적인 생존을 유일한 선善으로 삼으면서 오로지 자기 자신에만 집중하는" 새로운 유형의 유아론적唯我論的 문화의 출현을 경고했다. 마린은 최근에 est의 주말 수련에서 돌아온 한 여인과 저녁 식사를 하며 이야기를 나눴다. 그 여인은 "내 삶이 근본적으로 바뀌었다. 나는 나 스스로에 대해 다른 느낌을 갖게 되었고, 더 행복해졌고, 더 유능해졌으며, 우리 집을 전보다 훨씬 깨끗하게 청소하며 산다"고 말했다. 그 세미나 수련에서, 그녀는 "① 개인의 의지는 전능하며, 자기의 운명은 전적으로 자기가 결정한다. ② 다른 사람의 운명에 대해 죄책감도 수치심도 느끼지 않았고, 가난하고 배고픈 사람들은 그들이 그것을 자초했음에 틀림없다"는 것을 배웠다.[19] 마린은 그녀가 est에 머무르는 동안 얻은 7가지 통찰력을 열거한다. 그녀는 그 가운데서 북베트남은 폭격을 받아도 싸고, 강간·살해당한 주위의 여인들도 또한 그걸 자초한 측면이 있으며, 그녀는 이제 완전히 계몽된, 일종의 신이 되었고, 이성은 비합리적이기 때문에 여러분이 사실이라고 생각하는 것은 무엇이든 사실이라는 것을 깨우쳤다는 거였다. 마지막으로 그녀는 마린에게 당신도 est에 가야 한다고 말했다.

est의 목적은 사람들이 자신에게 부과한 감정적인 제약으로부터 자유로워지도록 돕는 데 있었다. 그들은 외부 상황의 노예가 되지 않는 법을 배웠다. 빌헬름 라이히의 전문 용어를 사용하기 위해, 그들은 마음속의 '소인배'를 죽이고 자신의 삶에 대해 주인의식을 가지라고 지시를 받았다. 라이히는 "소인배야, 나는 너를 두려워한다. 매우 두려워한다. 너는 아프다, 소인배야, 매우 아프다. 그건 너의 잘못이 아니다. 하지만 나아야 할 책임은 네게 있다"[20]라고 썼다. 라이히는 그 소인배는 자신의 행동에 책임을 지지 않는다고 주장했다. 그는 성적으로 좌절하고 진정한 삶을 살아갈 용기가 부족하다. 그 소인배는 자신과 다른 사람 모두를 끊임없이 두려워한다. 에르하르트 수련 참가자들은, 그의 표현에 따르면, 두려워하지 않는 수련을 받았다. 그들은 소인배가 되지 않는 법을 배워야 했다. 수련이 끝날 무렵에는, 그들의 생활 경험이 변해야 했다. 그래서 "삶의 과정에서 당신이 변하려고 노력했거나, 또 그 일을 견뎌내야 했던 상황"이 해소되어야 했다.[21]

그러나 개인의 책임에 대한 이 주장은 기괴한 지경에 이르렀다. 프레스먼은 한 est 과정에 대해 이렇게 설명한다.

> 에르하르트는 한 홀로코스트 생존자와 est 참가자에게 그녀가 나치의 죽음의 수용소에서 비명횡사한 가족들과 마찬가지로 그녀 자신의 고충에 '책임'이 있었다는 것을 이해시키는 일에 착수했다. 에르하르트는 나중에 나치도 히틀러도 모두 여성의 강제수용 '경험'을 만든 적이 없었다고 말했다. 그것들은 환상에 지나지 않았다. 에르하르트는 실제로 그녀가 그녀의 홀로코스트 경험을 만들어냈다고 말했다.[22]

참가자 중 한 사람이, 여성이 자기의 운명을 회피하기 위해 무엇을 할 수 있느냐고 물었을 때, 에르하르트는 다소 수수께끼 같은 답을 했다. "'불이 켜졌을 때 어떻게 꺼지게 할 수 있었습니까?' 그 질문은 아주 어리석은 질문입니다."[23]

1970년대에 사람들이 est와 같은 수련 프로그램에 몰려들면서 행복이라는 환상은 새로운 의미를 갖게 되었다. 1960년대에 정신적인 억압 상태를 벗어나려는 몸부림에서 하나의 급진적인 사상으로 받아들여졌던 진정한 자아와 성적 해방에 대한 라이히의 주장은 이제 개인의 해방과 경제적 성공에 이르는 길로 재포장되었다. 그 목적은 개인을 그들의 모든 정신적 구조로부터 해방하는 것이었다. 모든 개인은 자유롭게 자신이 원하는 사람이 될 수 있었다. 그들은 에르하르트가 한 일을 언제나 할 수 있었고, 이름을 바꿀 수도 비행기에 뛰어오를 수도 있었다. 그는 삶을 바꿀 수 있다는 살아 있는 증거였다. 정신적인 구조 외에는 제약이 없었기 때문에 참가자들은 누구에게도 유감을 표할 정당한 사유가 없었으며, 특히 그들 자신은 아니었다.

개인의 해방을 향한 여정 이상으로, 희생자가 없는 세계라는 개념은 신자유주의적 환상의 핵심이며, 따라서 모든 사람은 그들이 처한 상황에 상관없이 행복하고 성공할 동등한 기회를 가진다. 이것은 오프라 윈프리와 같은 자조自助 전문가들과 함께하는 도널드 트럼프 같은 우익 정치인들에게 인기 있는 개념이다.

영감을 주는 메시지의 잔인성

2015년 여름, 의대생 조이스 토레프란카Joyce Torrefranca는 필리핀에서 맥도날드 가게를 지나가던 중, 바깥 간이 식탁에서 숙제를 하고 있는 어린 소년을 발견했다. 저녁 늦은 시간이었지만 그 소년은 인근 식당에서 나오는 불빛을 이용해 읽고 쓸 수 있었다. 토레프란카는 가까이 다가가 그 장면을 사진으로 찍은 후 페이스북에 올렸다. 그녀는 "학생인 내게 그 장면은 엄청나게 큰 충격을 주었다"라고 썼다.

이것은 행복이라는 환상의 완벽한 이미지였다. 그의 이름은 대니얼 카브레라Daniel Cabrera, 집이 없는 아홉 살 소년이었다. 그는 집이 불타버린 후 어머니, 두 형제와 함께 음식 창고에서 살았다. 그의 아버지는 이미 돌아가셨다. 소문에 따르면 그의 소유물은 연필 하나뿐이었다. 그는 연필 두 개를 가지고 있었지만, 하나는 도난당했다.

토레프란카는 이 이야기에서 영감을 받은 유일한 사람은 아니었다. 입소문이 나자 사람들은 그들이 할 수 있는 모든 방법을 동원해 소년을 도왔다. 그는 책, 연필, 크레용을 받았다. 누군가가 그에게 배터리로 작동되는 램프를 마련해 주었기 때문에 이제 간이 식탁이나 주차장에서 숙제를 하지 않아도 되었다. 그의 학비를 마련하기 위해 기금 모금 페이지가 마련되었다.

그러나 어떤 사람들에게 이 이야기는 인생에서 성공하기 위해서는 의지력과 결단력이 절대적으로 중요하다는 도덕적 메시지로 전달되었다. 그것은 est에서 베르너 에르하르트가 고취했던 것과 같은 종류의 메시지였다. 세상에 희생자들은 없다. 우리의 삶은 결코 미리 결정돼 있지 않다. 상황이 얼마나 나쁜지에 관계없이, 우리 자신의 삶을 창조하는 것은 우리의 책임이다.

한 타블로이드판 영자신문 편집자는 그 사진이 교육 목적으로 사용될 수 있다고 생각했다. 그 신문은 후에 자녀들이 칭얼거리거나 불평할 때 부모가 열심히 일하는 소년의 모습을 자녀들에게 보여주도록 권장되었다. 비슷한 맥락에서 누군가가 그 사진에 동기를 부여하는 문구를 달아, 영감을 주는 온라인 엽서로 만들었다. "만약 그것이 당신에게 중요한 것이면 길을 찾을 수 있을 것입니다. 만약 그렇지 않다면 당신은 변명거리를 찾을 것입니다."

이러한 맥락에서 이 사진이 영감을 주는 메시지와 결합하면, 실패나 빈곤에 대해 변명의 여지가 없음을 상기시키는 새로운 의미를 갖게 된다. 비록 당신이 가난하고 임시 가옥에 살더라도, 당신은 열심히 일해 그 곤경에서 벗어날 수 있는 선택권을 갖고 있다. 당신에게 필요한 것은 결심, 의지력, 권리, 그리고 할 수 있다는 자세다.

에르하르트가 1970년대와 1980년대에 70만 명의 사람들에게 전파한 메시지는 우리 집이 불타거나 거리의 임시 가옥에서 살아야 하는 상황을 포함해 우리에게 일어나는 모든 일의 책임이 우리에게 있다는 것이다. 프레스먼은 에르하르트에 관해, 그리고 그가 est를 통해 전달한 메시지에 대해 이렇게 적고 있다. "질병부터 자동차 사고와 거리의 강도에 이르기까지, 그들의 삶에서 일어나는 모든 사고와 사건의 원인은 그들에게만 있다", "추호도 변명의 여지가 없었다. 고객이 이를 받아들였을 때만, 그리고 모든 사람이 자신의 현실을 창출한다는 것을 깨달았을 때만, 그들은 삶을 괴롭히는 문제를 해결할 수 있는 위치에 서게 된다."[24]

에르하르트의 아이디어는 오늘날까지 영향을 준다. est는 1985년에 공식적으로 폐지되었지만 포럼Forum이라는 이름으로 계속 운영되었고, 오늘날에도 랜드마크 월드와이드Landmark Worldwide라는 브랜드로 운영되고 있다. 이 수련 프로그램은 스티븐 스필버그(1946~), 바브라 스트라이샌드(1942~), 셰어Cher(본명은 Cherilyn Sarkisian, 1946~, 미국 배우, 가수) 및 엘리자베스 테일러(1932~2011)와 같은 유명인들에게 인기가 있었다. 이 프로그램은 또한 에르하르트의 메시지와 현저히 유사한 메시지를 고취하는 오늘날의 자조 여왕 오프라 윈프리에게도 인기가 있었다.

니콜 애쇼프Nicole Aschoff는 『수도의 새로운 선지자들The New Prophets of Capital』에서, 어떻게 오프라가 1994년에 그녀의 대중적인 TV쇼에 더욱 긍정적인 느낌을 더하고 싶다고 선언했는지를 설명한다. 그녀는 사람들의 삶에서 무엇이 잘못되었는지에 초점을 맞추는 대신, 사람들이 인간으로서 성장하도록 돕는 건설적인 전략을 제시하고자 했다. "'우리는 할 수 없다'에서 '우리는 그것에 대해 무엇을 할 것인가?'로 나아갈 때이다"라고 했다.

오프라는 그녀의 쇼를 더욱 긍정적인 것으로 만들고자 시도하며 영감을 얻기 위해 정신자조 전문가 메리앤 윌리엄슨Marianne Williamson(1952~)을 찾았다. 윌리엄슨이 자신의 메시지를 설명하고자 오프라 쇼에 출연했을 때 그녀는 복지수당으로 살던 의기소침한 한 어머니의 사례를 들었다. 그녀는 "'피해자 사고방식'을 버리지" 못해 고통받고 있었고, '내 안에 이 억압을 깰 힘을 갖고 있다'는 개념을 수용할 용기가 부족했다. 다른 방송분에서는, 한 젊은 미혼모가 오프라 쇼 이전 회를 보고 나서 이제 해고당하는 것이 문제가 되지 않는다는 것을 깨달았다고 설명했다. 그것은 오히려 그녀가 감사해야 할 일이었다. 이 말을 들은 오프라는 "언제든 해고당하면 고맙다고 해야 한다"고 말했다.[25]

에르하르트와 마찬가지로, 오프라는 적어도 나폴레옹 힐의 작품에까지 거슬러 올라가 추적할 수 있는 고전적인 자조 메시지를 홍보한다. 힐은 1936년에 출간한 『생각하라, 그리고 부자가 되라』에서 "자신이 자신의 운명을 통제할 수 없다고 믿는 일부 이상한 세력 때문에, 자신은 가난과 실패로 '운명 지어졌다'고 믿는 수백만 명의 사람들이 있다"라고 썼다. "그들은 이 부정적인 믿음 때문에 그들 자신

의 '불행'을 만드는 사람들"이라고 말했다.[26]

오프라가 이 메시지를 자신의 쇼에 담을 때면, 그녀는 의도적으로 여성적이고 연민 어린 태도로 쇼를 진행한다. 해고당하는 것은 문제가 되지 않는다. 그것은 인간으로서 성장할 수 있는 기회이다. 실직은 자신의 내적 잠재력을 발견하고 활용하는 데 필요한 추진력이 될 수 있다. 애쇼프가 시사하듯 오프라는 개인주의적 자조 정신을 자본의 논리와 연결시키기 때문에 자본의 새로운 예언자 중 한 명이다. 개인으로서의 그녀는 순종적인 신자유주의 행위자로서 자신의 이기적 이용에 적극적으로 나서는 한편, 이러한 활동이 마치 진정성에 대한 자신의 탐구의 표현으로서 그녀의 내적 욕망과 완벽하게 일치하는 것처럼 가장한다.

그러나 여기엔 재미있는 역설이 있다. 신자유주의 행위자는 시선을 내부로 돌려 내적 자원을 찾도록 요청받지만, 그는 또한 그 자원을 팔고 홍보할 곳을 찾아 외부로 시선을 돌리라는 요청을 받는다. 자본의 시대에 살면서 우리는 우리 내부에 숨겨진 무한한 가능성을 갖고 있다. 단, 그것을 상품화해 가치 있게 만들 무한한 가능성이 있는 한 그러하다. 그리고 여러분이 해고당하는 것은 여러분의 그 무한한 가능성을 실현하는 데 도움이 될 수도 있다. 필립 미로스키Philip Mirowski(1951~)는 자신의 저서 『우리는 결코 이 심각한 위기를 그냥 넘겨버려서는 안 된다Never Let a Serious Crisis Go to Waste』

에서 냉담하게 말한다.

> 실업은 전혀 다른 삶으로 새롭게 시작할 수 있는 예상 밖의 절호의 기회다. 빈둥거리는 사람들이나 투덜대는 사람들이 당신을 맥 빠지도록 하게 하지 마라. 긍정적인 사고력을 수용한 후 당신이 자신의 보스가 되어라. 사원으로 25년을 근무한 이후에도 당신은 항상 자신의 사업을 시작하고 싶지 않았는가?[27]

정신적 제약의 이면에는 무한한 가능성이 있다. 그러나 그것을 찾기 위해 우리 자신을 희생자로 보는 일을 멈춰야 한다. ≪오프라 매거진≫ 2013년 10월 호는 실업자들에게 숨겨진 재능을 찾고 자신의 '유일함'을 활용하며, '강력한 개성'을 키우라고 충고한다.

우리는 여기서 행복이라는 환상이 신자유주의 환상의 한 형태로 어떻게 변모했는지 알 수 있다. 올더스 헉슬리의 인간 잠재력의 꿈은, 그가 1960년대 초반에 표현했듯이, 사람들이 자신의 체질에 상관없이 자신의 내적 잠재력을 개발하고 인간으로서 꽃을 피울 수 있는 꿈이었다. 오늘날 용인되는 것과의 유일한 차이는 상품화되고 가치 있게 표현될 수 있다는 점이다.

우리는 지금 모두 나르시시스트들이다

2013년 5월 20일 자 ≪타임≫ 표지에는 엎드려 셀카를 찍는 젊은 여성의 사진이 "The Me Me Me Generation"라는 문구와 함께 실렸다. 톰 울프Tom Wolfe의 1976년 기사를 슬쩍 인용한 이 표지는 밀레니엄 세대를 게으르고 권리만 주장하는 나르시시스트 세대로 묘사했다. 그것은 1970년대의 자기중심주의 10년간Me Decade이 30년 후에 인터넷 기반의 자기중심주의 세대Me Generation의 형태로 다시 돌아왔음을 의미한다. 그러나 이 두 유형의 나르시시스트들을 동일시하는 것이 과연 옳은 일이었을까?

밀레니엄 세대의 현실에 더 잘 부합하도록 원본 텍스트를 변경한 일련의 창의적인 밈meme• 으로 응답한 페이스북 활동가들에 따르면 그렇지 않다. 한 밈에서는 "자기중심주의 3세대The Me Me Me Generation"를 '실업 세대The Unemployed Generation'로 대체했다. 또 다른 밈은 '불운한 세대The Doomed Generation'로 대체했다. 새로운 문구들은 밀레니엄 세대가 현재 막대한 학생 부채, 폭등한 주택 임대료, 그리고 괜찮은 일자리 찾기에 대한 암울한 전망으로 절망적인 상황에 처해 있다고 주장했다. "밀레니엄 세대는 나르시시스트

• 특정 메시지를 전하는 그림이나 사진, 또는 영상을 일컫는다.

들이야. 왜냐하면 우리는 그들 세대 전체를 심하게 다루었고, 그리고 그들은 머저리처럼 시키는 것 말고는 할 만한 일이 없고, 텀블러(마이크로 블로그)만 보고 있기 때문이야"라고 한 밈이 전해준다. 다른 한 밈은 "우리는 끝없는 전쟁, 은행가들을 위한 황금 낙하산•, 그리고 주식 중개인들이 고객을 착취하게 함으로써 그들의 미래를 소홀히 했다"고 전한다.

나는 원본 표지에 불쾌감을 느끼기도 했고, 그와 관련된 밈들이 꽤 재미있긴 했지만, 몇 년 후 내가 관련 주제에 대한 강의를 진행하면서 학생들에게 표지를 보여주는 것이 좋겠다고 생각하기 전까지 사실상 그에 대해 진지하게 생각해 본 적이 없었다.

나는 표지 사본을 학생들에게 나누어주고 그것이 그들 상황에 대한 정확한 묘사라고 생각하는지 물었다. 학생들은 예상했던 폭발적인 반응 대신, 집단적으로 어깨를 으쓱하는 것으로 대답을 대신했다.

"어느 정도 정확한 것 같습니다"라고 한 학생이 말했다.

"보시다시피, 우리는 나르시시스트들입니다"라고 다른 학생이 덧붙였다.

• 회사가 매입·합병될 때, 경영자가 고액의 퇴직금을 받을 수 있게 하는 고용 계약을 일컫는다.

"아시다시피," 세 번째 학생이 말하기 시작했다. "우리는 자라면서 우리 모두가 얼마나 놀라울 정도로 특별했는지 이야기를 들었습니다." 교실에 있는 다른 많은 학생들이 고개를 끄덕였다. 그들은 모두 똑같은 말을 들었고, 그리고 그것이 모두 거짓말이었다는 것을 알았다. 그 학생이 계속 설명하고 있듯이, 이 장 제사에 쓴 세일라 헤티의 글처럼, 어릴 때의 제약과 권고가 장래에 유명인이 되게 하는 길이긴 하지만, 그들은 자라서 모두 카다시안Kardashians, 저스틴 비버Justin Bieber 또는 패리스 힐튼Paris Hilton과 같은 유명인이 될 것이란 말을 진지하게 믿을 만큼 바보가 아니었다.

그런데 한 학생이 항의했다. 그 여학생은 자신도 특별하다는 말을 들었다고 설명했다. 그러나 그녀는 또한 학교에서 열심히 공부해 좋은 결과를 얻지 못한다면 중국인과 경쟁할 기회도 없을 것이라는 말을 들었다고 했다. 그 발언에는 불쾌한 울림이 있었다. 그 교실에 중국 학생들이 있었던 것이다. 나는 그들의 표정을 살폈다. 그들은 태연스레 웃음을 지어 보였다.

1979년에 출간한 『나르시시즘 문화The Culture of Narcissism』에서 크리스토퍼 래슈Christopher Lasch(1932~1994, 미국 사학자)는 "나르시시스트는 자신을 '승자'로 존경하고 동일시한다"라고 쓰고 있다.[28]

그러나 내 강의를 듣는 학생들은 자기애自己愛, self-love나 자기성애自己性愛, auto-eroticism에 대해 이야기하는 것 같지 않았다. 그들은 자신들을 승자로 보지 않았다. 그들이 스스로를 자아도취적이라고 표현했을 때, 그 수식은 운명론적이라는 것을 의미했다. 그들은 나르시시즘을 성격적 특성이 아니라 자기도 모르게 드러내 보이는 우발적인 문화적 특성으로 생각하는 것처럼 보였다. 그들의 나르시시즘은 선택에 의한 것이 아니라 필요에 의한 것이었다. 그때 이후로 나는 그들을 강박적 나르시시스트 세대로 생각해 왔다. 한편으로, 그들은 자신들을 유리한 방향으로 소개할 것으로 예상된다. 그들은 마치 유명인인 것처럼 야심 차고 특별하다는 것을 바깥세상에 보여주어야 한다. 다른 한편으로, 그들은 그들이 직면할 현실이 가혹하며, 그래서 경쟁적인 사고방식을 치밀하게 발전시켜야 한다는 것을 끊임없이 상기해야 할 것이다.

그렇기 때문에 그들을 나르시시스트라고 부르는 것은 불공평하고, 그야말로 잘못된 생각이라고 할 수 있다. 그들은 사회가 존중하는 문화적 가치를 받아들이는 데서 오는 무질서로 고통을 받고 있지 않다. 우리 모두는 오늘날 밀레니엄 세대가 일자리를 구하려 할 때 받는 첫 번째 질문이 남들보다 뛰어난 점이 무엇인가라는 것임을 알고 있다. 오프라 윈프리가 대중의 인기를 끄는 시대에 밀레니엄 세대는 브랜드화에 대한 열망으로 자신들의 '유일성'을 보여주는 기술을 연마해 젊은 기업가정신을 가진 강렬한 개개인이 되기를 기대한다. 한편, 그들은 그들이 특별하지 않다는 것을 잘 알고 있다.

그들은 단지 동조하는 체해야 한다. 그러지 않고는 어떻게 일반 대중의 눈에 띄겠는가?

내 강의를 듣는 학생들이 강박적인 나르시시스트와 울프가 말한 자발적인 나르시시스트 사이의 차이점을 이해하기 위해서는, 오늘날의 젊은이들이 안정적인 고용과 적당한 가격의 주택을 장만하는 일에서 1970년대의 젊은이보다 더 어려운 현실에 처해 있다는 것을 인정해야 한다. 강박적인 나르시시스트들은 금융 위기의 한가운데서 성년이 되었다. 그들의 삶은 울프가 말한 나르시시스트의 경우처럼 풍요와 윤택이 아니라 불안정, 궁핍, 그리고 학자금 대출로 정의되었다. 세상이 먼저 그들에게 등을 돌릴 것이기 때문에 그들은 세상에 등을 돌릴 여유가 없다.

한편, 많은 젊은이는 꿈을 좇을 뿐만 아니라 그렇게 하면서 자신의 상표를 만들고 보증할 것을 요구받는다. 강박적인 나르시시스트들은 능력주의 신화를 믿어야만 하고 자신을 승자로 생각해야만 한다.

이를 위해 그들은 정치와 경제에 대해 알고 있는 것을 조작해야 한다. 그들은 실직을 정치 문제로 생각하지 않고 개인적인 결함으로 간주해야 한다. 우리는 영국 직업안내센터들에 관한 자전적인 민족지학적民族誌學的, auto-ethnographic 설명이 담긴 이보르 사우스우드Ivor Southwood의 저서 『끝없는 무기력Non-Stop Inertia』에서 이것의 기괴한 사례를 발견한다. 직업안내센터에서 구직자들은 "일주일에 세 번 긍정적인 일"을 하지 않으면 징계를 받을 것이라는 얘기를 듣는다.[29] 최근 ≪크리티컬 메디컬 휴머니티스Critical Medical Humanities≫[30]에 실린 기사에서 주장하고 있듯이 태도, 신념 및 개성을 수정하려는 이러한 유형의 운동은 사회·경제적 불평등의 경험을 근절하기 위한 정치 전략이 되었다.

이것은 est에서 제공하는 것과 같은 세미나 수련의 바람직한 결과였다. 수련이 끝날 때쯤 참가자들은 상황이 단순한 환상이라고 믿어야 했다. 사람들의 삶은 사회적 배경이나 경제적 자원에 의해서가 아니라 순수하게 자신들의 마음으로 형성되었다.

현대식 고백

"우리는 지금 모두 나르시시스트들입니다." 내 강의를 듣는 학생 중 한 명이 이야기를 이어갔다. 그들은 소셜 미디어 관습에 관해 이야기하기 시작했다. "내 말은, 우리가 페이스북과 인스타그램에 올린 그림을 보라는 의미입니다." 그들은 계속해서 그들의 공유 경험에 대해 내가 알고 싶었던 것보다 더 많은 것을 말해주었다.

'공유'는 에설런과 est 양쪽에서 가장 중요한 활동이었지만, 자신에 대한 은밀한 세부 사항을 밝혀야 하는 도덕적 의무는 그보다 훨씬 더 옛날로 거슬러 올라간다. 철학자 미셸 푸코Michel Foucault(1926~1984)는 1976년에 펴낸 『성생활의 역사The History of Sexuality』에서, 고백은 중세 이래 종교 및 시민사회가 의지해 온 의식이라고 지적한다. 푸코에 따르면 그 기능은 진리를 생산하고, 그 과정에 주체를 직접 연루시키는 것이다. 그는 "고백할 의무"가 이제는 "우리 안에 깊이 뿌리 박혀 있어서 더 이상 그것을 우리를 억누르는 힘의 효과로 인식하지 못한다"라고 쓰고 있다. 우리는 우리 안에 숨어 있는 진실을 드러낼 필요가 있는 것으로 생각하는 것 같다. 만약 우리가 이러한 진실을 표면화하지 못한다면, 우리는 자유로워질 수 없는 우리의 능력을 드러낸 것이다.[31]

1970년대에는 수십만 명의 미국인이 그들 자신을 발견하기 위한 수련 프로그램에 참여함으로써 자율권과 자유를 획득하려는 그들의 추구에 고백이 핵심적인 역할을 하게 되었다. 참가자들은 내면의 악마와 대결하고 내면화한 권위자들과 싸우며, 외부에서 부과된 제약으로부터 자유로워지라는 가르침을 받았다. 그들은 내면의 자아와 연결하고 그들 자신을 쾌락에 넘겨주라고 배웠는데, 여기서 고백이 중요한 역할을 했다.

톰 울프가 나르시시즘에 관한 논문에서 설명한 호텔 연회장을 상기해 보라. 이 장면은 모든 참여자가 자신의 삶에서 제거하고 싶은 한 가지 항목을 발표하도록 요청받은 est의 셋째 날 수련에서 나온 것이다. 사람들은 자신들이 무엇으로부터 자유로워지고 싶은지를 발표하기 위해 거기에 모였다. 한 여성이 그녀의 비밀을 말하려 무대에 올라와 마이크를 잡았다. 그녀는 다른 사람들이 원했던 것처럼 자기 파괴적 행동이나 게으름을 제거하기를 원하지 않았다. 아니, 그녀는 치질을 제거하기를 원했다.

참여자들은 이제 제거하고자 하는 항목을 확인했다. 트레이너는 "바닥에 엎드려 눈을 감고 자신의 공간에 깊이 들어가서 가장 제거하고 싶었던 하나의 항목에 집중해 실제로 그것을 느끼고, 그 느낌을 분출하라"고 했다. 거기서 그녀는 그 연회장 바닥에 엎드려 제대로 치질을 느끼고 있었다. 울프가 말했듯이 "땅콩 하나가 항문의 괄약근에 걸려 있다"는 "느낌"이었다.

이러한 워크숍들의 목적은 '사회의 과도한 짐'에서 해방되어 '진정한 나를 찾는 것'이었다. 그러나 그런 일이 일어나기 위해서는 개개인이 '억압 버튼에 올려놓았던 손가락을 떼고' 그들의 가장 깊은 내면의 비밀을 드러내 보여야 했다. 그들은 설사 다른 참가자들이 수백 명이라고 하더라도 그들 앞에서 큰 소리로 자신들에 대해 이야기하는 용기를 얻었다.

오늘날에는 호텔 연회장이 인터넷으로 대체되면서 우리는 수백 명 이상과 우리의 비밀을 공유할 수 있게 되었다.

2006년, 스물네 살의 블로거 에밀리 굴드Emily Gould(1981~, 미국

소설가, 블로거)는, 추정되는 유명인들의 이중생활과 그들의 비밀(있든 없든 간에)을 폭로하는 가십 블로그를 운영하는 인터넷 매체 고커Gawker에서 일하게 되었다. 고커에 따르면 굴드는 ≪뉴욕 타임스≫에 게재한 한 기사에서 다음과 같이 이야기했다. "그들 모두는 가장했던 것보다 더 뚱뚱하거나 나이가 더 들었거나 피부가 더 거칠었다. 모든 남자는 그의 파트너를 속이고 있었다. 모든 여성은 품행이 단정치 못했다. 작가들은 표절자들이거나 재능 없는 글쟁이들이거나 뻔뻔한 연고자 등용의 수혜자들이거나 했다. 모두가 위선자였다."[32]

고커는 철학자 한병철(1959~, 베를린 예술대학교 교수)이 '투명사회'라고 불렀던 사회의 선구적인 실행자였다.[33] '투명사회'는 모든 사적인 비밀이 공개되는 사회였다. 고커의 독자들은 화면 뒤에서 보호를 받았지만, 굴드와 같은 작가들은 그렇지 않았다. 그들 역시 독자들의 깐깐한 시선을 받게 되었다. 굴드가 처음 일을 시작했을 때, 편집장은 그녀에게 고커 기사에 달린 댓글들을 읽지 말라고 충고했다. 그러나 그녀는 그 유혹을 물리칠 수 없었다. 댓글 작성자들은 친구가 아니었다고 굴드는 설명한다. "대부분 더 깊은 어떤 것이었다."

> 그들은 게시물에 대한 아이디어를 주고 결정적인 부분을 다시 작성하는, 뭐랄까 일종의 동료들이었다. 그들은 술집에서 나를

> 치는 섬뜩한 녀석들이었다. 그들은 심지어 나의 불충분한 노력까지도 알랑거리며 칭찬을 늘어놓는 팬들이었다. 그들은 나의 한계에 대한 나의 최악의 두려움을 또렷이 말하는 적들이었다. 그들은 내 머릿속의 목소리들이었다. 그들은 때때로 무시될 수 있었다. 또는 내가 만약 그들을 내버려두었다면, 그들은 나의 온 누리가 될 수 있었다.[34]

독자의 목소리는 너무 가깝게 들리기 때문에 때로는 그녀의 머릿속을 파고 들어가 그녀가 무엇을 어떻게 작성했는지에 중심적인 역할을 했다. 독자들은 항상 그녀에게 가능한 한 많은 은밀한 세부 사항을 드러내면서 그녀 자신에 대해 더 많은 것을 쓰라고 요구했다. 그들은 그녀가 자신의 벌거벗은 진실을 고백하기를 원했다. 그녀가 더 개인적이고 더 감정적이 될수록 더 많은 조회수와 호응을 얻었다. 그녀는 섹스에 관해, 그리고 다른 누구보다도 좋아하는 자신의 엄마를 죽이고 싶은 그녀의 욕망에 관해, 또한 자신의 요로尿路감염에 관해 썼다.

est 참가자들은 한 공간에서 일어선 채로 자신들의 비밀을 동일한 훈련에 참여한 250명의 다른 사람들과 함께 공유해야 했지만, 굴드와 같은 블로거들은 수십만 명(때로는 수백만 명)의 익명의 대중 앞에서 이야기하면서도, 모두 화면 뒤에 안전하게 숨어 있었다.

그녀가 이 사람들이 누군지 알지 못했다면, 그녀는 누구를 위해 고백을 했을까? 오직 그녀 자신을 위해? 푸코는 고백이 "일종의 권력관계 속에서 펼쳐지는" 의식이며 항상 "고백을 요구하는 일종의 권위" 같은 것이 있음을 상기시킨다.[35]

권력과 권위는 '공유'에 관해 얘기할 때 거의 언급되지 않는다. 개인이 자신의 두려움에 맞서도록 지시받은 에설런의 워크숍들을 생각해 보라. 펄스는 자신을 권위 있는 인물로 보지 않았고, 자신의 워크숍들이 권력을 생산하고 행사하는 것으로 보지 않았다. 그 대신 그는 그것들을 권력관계와 제약에서 개인이 해방되는 과정으로 보았다.

그러나 이것은 권력에 대한 매우 순진한 생각이다. 라이히의 주장이 나온 이후 행복이라는 환상은 개인의 자유와 진정한 자아를 권위자들의 포기를 통해 얻게 되었다는 낙관적인 믿음에 근거하고 있다. 권력은 눈에 보이는 막강한 권력자나 금지하는 형태로 나타나는 것이 아니기 때문에 이것은 순진한 생각이다. 라이히가 그의 환자들에게 마음속의 억압에서 벗어나도록 종용했을 때 그는 환자들을 다른 형태의 권력관계에 연루시켰는데, 이는 전통적인 형태의 권력 행사 못지않게 위압적일 수 있었다. 펄스의 '뜨거운 자리'에 앉아 자기 내면의 두려움을 드러내는 것은 개인을 극도로 취약하게 하는 권력관계의 한 형태를 만들어내는 것이었다. 굴드는 블로그에 계속 비밀들을 노출함으로써 독자들에게 찬사와 비난을 동시에 받았다. 펄스의 '뜨거운 자리'에 앉아 있던 사람처럼, 그녀는 자기의 내면적인 삶을 독자들에게 드러낼 용기를 갖게 되었다. 그러나 이런 형태의 공개적인 고백은 그녀를 자유롭게 해주고 속박에서 벗어나게 해주기보다는 오직 그녀를 무방비 상태로 만들고 취약하게 만들었을 뿐이다.

굴드는 유해하다는 것을 알면서도 나르시시즘 문화에 참여했는데, 나는 이것이 반드시 원해서가 아니라 해야 하기 때문에 자기 홍보에 관여하는 모든 강박적 나르시시스트들과 그녀가 공유하는 운명이라고 주장할 참이다. 그들은 자기들의 특질을 경쟁 우위로 바꾸고, 개인적 경험을 공유하며, 열심히 일하는 능력을 보여주고, 자신들을 광고하도록 훈련받는다. 그들이 살아온 세계는 끊임없는 경쟁과 개인주의라는 개념으로 정의된다. 그들이 인력시장에서 구직에 실패할 경우, 그 책임은 그들에게 있다. 그들은 자신들을 홍보하기 위해 더 많은 일을 했는지, 자신들의 독특한 장점을 내보이기 위해 더 열심히 애썼는지, 또는 타고난 재능을 키우기 위해 더 많은 시간과 노력을 쏟았는지 돌아볼 일이다.

그것이 강박적 나르시시스트들의 잔인한 운명이다. 그들은 경이로운 정신으로 철학 원리에 따라가 아니라 자기비판의 정신으로 금융 원칙에 따라 자신을 시험할 운명에 처한다.

라이히의 행복에 대한 환상은 이제 더는 권력과 지배에 대항하는 것이 아니라 오히려 그것들을 행사하는 방법으로 이용된다는 사실에 주목하는 것은 적잖이 모순적이다. 다음 장에서 논하겠지만 이러한 모순이 현대의 직장만큼 분명해진 곳은 없다. 그곳에서 행복이라는 환상은 노동자를 착취하기 위해 끊임없이, 그리고 교묘하게 사용된다.

3장

행복 주식회사

그때 저는 당신이 단지 일만 하는 것으로는 충분치 않으며

당신이 그 일에 흥미를 가져야 하고,

심지어 그것에 대해 열정도 있어야 한다는 것을

처음으로 깨달았다.

찰스 부코스키의 소설 『잡역부』에서[1]

혼자 즐겁게 지내세요

자포스Zappos의 최고 경영자 토니 셰이Tony Hsieh(1973~)에게도 내기는 내기이다. 하버드 대학교를 졸업할 때 그는 앞으로 10년 안에 백만장자가 된다면 그들 모두를 유람선에 초대하겠다고 친구들과 내기를 한 것이다. 1999년, 첫 번째 회사를 마이크로소프트사에 매각한 후 그는 정말로 백만장자가 되었으므로 친구들을 3일간 바하마의 유람선에 초대했다. 셰이는 『행복 전하기Delivering Happiness』라는 자만심 넘치는 성공 신화에서 "크루즈에 오른 모든 친구들의 눈에 나는 그들이 생각하는 성공과 행복의 모든 것이었다"라고 자랑한다. 하지만 그가 손에 마실 것을 들고 유람선 나이트클럽에 서 있을 때, 그의 뒤편에서 "**성공은 뭐고, 행복은 또 뭐지? 내가 지금 무엇을 위해 일하고 있지?**"[2]라고 투덜거리며 의문을 제기하는 소리가 들렸다.

셰이는 바하마에서 돌아온 즉시 그의 인생에서 가장 행복했던 시기를 정리해 봤는데, 그중 어느 것도 돈과 관련이 없다는 것을 깨달았다. 그를 행복하게 한 것은 그가 무엇을 만들고, 창의적이 되고,

친구들과 시간을 보내고, 좋아하는 음식(우리가 조리법을 배우고 있는 구운 감자와 피클)을 먹는 것이었다. "나는 우리 모두가 생각하는 것을 멈추고 단지 더 많은 돈이 더 많은 성공과 더 많은 행복을 의미한다고 가정하는 사회와 문화에 의해 얼마나 쉽게 세뇌되었는지에 대해 생각했다. 궁극적으로 행복은 인생을 정말로 즐기는 것"이라고 그는 말한다.

그때는 새 천년기가 시작되는 전날 저녁이었고, 그는 1999년이 다시는 돌아오지 않는다는 것을 새삼 깨달았다. 그는 '자신에게 진실'해야 할 때라고 결심했다. 그는 흥미롭지 못하고 지루한 업무를 맡고 있던 마이크로소프트사를 사직했다. "내가 무엇을 할지 정확히 알지 못했지만, 내가 무엇을 하지 않을지는 알고 있었다. 나는 내 인생과 세상이 내 곁을 그냥 지나가도록 빈둥거리지 않을 것이다."

그는 몇몇 친구들과 함께 한 빌딩의 고미다락으로 이사하여 침실 중 하나를 사무실로 개조했고, 투자 자금을 조성한 후 인터넷상에서 신발을 판매하는 사업에 관한 아이디어를 우연히 떠올렸다. 그 분야는 거대 산업이었고, 통신판매가 20억 달러를 기록했다. 그래서 자포스가 탄생했다.

몇 년간의 시험 시기를 거친 후, 자포스는 수익성 있는 회사가 되었으며, 이제는 더욱 견고하게 정체성을 구축해야 했다. 경제전문가 짐 콜린스Jim Collins와 그의 책 『좋은 기업을 넘어 위대한 기업으로Good to Great』에 영향을 받은 셰이는 진정으로 위대해지기 위해서는 먼저 그 진정한 정체성을 발견해야 한다고 믿었다. 그는 자포스를 다른 회사와 다르게 만든 것은, 모든 사안을 동료들과 상의한 후에 시행하고, 고객들과 진실하고 혁신적인 방식으로 관계를 이어가는 것임을 깨달았다. 물론 자포스는 세계 최고의 고객 서비스를 제공해 왔다. 자포스의 비전은 "고객, 직원 및 공급업체에 행복을 전달한다"였다.

세계에서 가장 우수한 고객서비스 기업이 되기로 작정한 이 회사는 샌프란시스코에서 라스베이거스로 이사했는데, 그 이전이 재정적으로는 현명해 보이지 않았지만, 문화적으로는 완벽하게 의미가 있었다. 셰이는 라스베이거스가 그의 직원들이 행복해할 곳이라고 믿었다. 그곳으로 함께 옮겨 간 직원들은 라스베이거스에 아는 사람들이 아무도 없었기 때문에 틀림없이 답답해할 것이다. 셰이는 이런 상황을 불식하기 위해서는 자포스에 강한 문화가 필요하다고 생각했다. 이제부턴 문화가 최우선 순위였다.

그 이후 자포스는 공식 방문의 일환으로 외부 사람들을 초청해 회사를 구경시키는, 장관을 이루는 기업문화로 특히 유명해졌다. 방문객들은 구내로 들어가서 그 문화를 직접 관찰하고 회사의 활기찬 분위기를 경험할 수 있었다.

1980년대와 1990년대에 미국 기업들은 기업문화라는 개념을 더욱 진지하게 생각하기 시작했다. 경영 전문가들은 관리자들의 불만을 주의 깊게 경청했다. 관리자들은 끙끙대는 직원들을 어떻게 다루어야 할지 몰랐다. 직원들은 불만에 차 있고 동기부여가 되어 있지 않은 것 같았다. 경영 전문가들은 직원들이 자신이 하는 일에 열정을 느낄 필요가 있다고 설명했다. 직원들에겐 소속감과 강한 정체성이 필요했다. 그리고 가장 중요한 것은 직원들이 그들의 업무가 단순히 자신들이 하는 어떤 것이 아니라 진정한 내면의 자아를 실현할 수 있는 어떤 것이라고 느끼게 하는 것이었다.

est와 같은 세미나 프로그램을 통한 인간 잠재력 운동은 1970년대에 급속히 확산되었으며, 더 진보적인 비즈니스 지도자 중 일부가 현재 이러한 운동에 관심을 가지게 되었다. 이것은 역설적인 전환으로 보일 수도 있다. 1960년대의 반체제 운동에서 행복이라는 환상이 나타난 것은 기업과 사회제도에 대한 반대에서였다. 그러나 1970년대에 이 환상이 당시 빠르게 성장하는 중산층에 광범위하게 수용되면서 더는 특별한 정치 성향을 갖지 않게 되었다. 그런데 1980년대에 들어서는 기업들이 뉴에이지에서 지향하는 것들을 포함해 좀 더 비관습적인 사상들을 탐구하는 일에 서서히 주목하기 시작했다. ≪월스트리트 저널≫에서는 1987년에 다음과 같이 보도했다. "포드Ford, 프록터 앤드 갬블Proctor & Gamble, 티 아르 더블유TRW, 폴라로이드Polaroid, 퍼시픽 텔레시스 그룹Pacific Telesis Group

을 포함한 수십 개의 주요 미국 기업들이 이른바 뉴에이지 워크숍에 수백만 달러를 쓰고 있다."[3]

그래서 1990년대 초에 에설런의 공동 설립자인 마이클 머피Michael Murphy는 빅서의 자사 사업장에 더 많은 사업체를 유치하기 위한 계획에 착수했다. 첫 단계로 그는 회사 건물 중 하나를 개인의 성장, 스트레스 감소 및 창의력 향상 과정을 제공하는 팀워크 활동 장소로 바꿨다. 이곳에 온 교육생들은 자신의 삶에 대해 주인의식을 갖도록 훈련받을 뿐만 아니라 "회사의 성과에 대해 '주인의식'을 갖도록 훈련받았다".[4]

기업들이 이것저것 가리지 않고 뉴에이지 운동에 관여하기 시작해 인간 변혁과 개인의 자유라는 어휘를 채택하고 이어서 별로 원치 않는 여러 사람을 끌어들임으로써, 이전에는 기업 권력을 전염병처럼 싫어했던 자유사상을 가진 일단의 개인들에게 더 큰 호소력을 갖게 되었다. "1960년대에 이 사람들은 미국 기업체의 어떤 기관에 들어가기 전에 손목을 그었을 것이다." 더블데이Doubleday 출판사의 경영 관련 서적 편집자인 해리엇 루빈Harriet Rubin은 1990년대에 가진 인터뷰에서 "이제 기업들은 그들의 아이디어를 위한 일종의 살아 있는 실험실로 간주되고 있다"라고 말했다.[5]

≪포춘≫에 실린 같은 기사에서 프랭크 로즈Frank Rose는, 비즈니스 지도자들이 숫자에 대한 집착을 인간의 잠재력에 대한 좀 더 개

방된 비전으로 대체하는 새로운 비즈니스 시대의 등장을 설명했다. 로즈는 리바이스Levi Strauss가 다른 기업들과 비교해 이 새로운 주파수에 어떻게 적응했는지 설명한다. 로버트 하스Robert Haas 회장은 "자신들의 잠재력을 최대한 발휘할 수 있는" 창조적인 인물로 구성된 일종의 글로벌 기업이라는 회사의 비전을 발표했다. 한편, 관리자들은 이제 더는 부성적父性的 권위자 역할을 해서는 안 되며 그 대신 코치, 조력자, 롤모델로서 역할을 해야 한다고 설명했다.[6] 리바이스는 패션 회사로서 새로운 트렌드를 받아들여야 했다. 또는 더 나은 방법은 새로운 트렌드를 만드는 창조적인 사람을 끌어들여야 했다. 이러한 형태의 극단적인 변화를 시도한 회사는 리바이스뿐만이 아니었다. 마이크로소프트는 "전 세계 사람들과 비즈니스가 그 잠재력을 최대한 발휘할 수 있도록 하기"라는 회사의 비전과 거의 동일한 만트라mantra를 채택했다.[7]

당연히 베르너 에르하르트는 인간 변혁 운동의 리더로서 TRW 오토모티브TRW Automotive 및 포드와 같은 대기업들과 수익성 높은 인력 수련 계약을 맺었다.[8] 1984년에 그는 새로운 환경에 적응하기 위해 그의 수련장 이름을 est에서 '포럼'으로 바꿨다. 이 새로운 이름은 더 전문적인 느낌을 주었고 더 사업 지향적이었다.

에르하르트는 1991년까지 이 포럼을 운영했는데, 성희롱과 세금 포탈 혐의(나중에 무죄로 판명되었다) 의혹 속에 같은 해에 그의 가까운

동료들(그중 한 명은 그의 형인 해리 로젠버그Harry Rosenberg였다)에게 자신의 '기술들'을 매각했다. 포럼을 인수한 그들은 이름을 랜드 마크 포럼Landmark Forum으로 바꾸었으며 성공적인 경력을 열망하는 사람들에게 더 적합한 훈련을 제공하려는 에르하르트의 지속적인 야망을 계속 이어갔다. 역사가 수재너 슈나이더Suzanne Snider는 이렇게 쓰고 있다.

> est가 포럼으로 진화한 이후 그러한 '기술'을 접하는 청중도 뉴에이지 히피족에서 최고 경영자로, 다시 최고 경영자-히피 혼종으로 진화했다. 이는 기업의 정체성을 재브랜드화하고 우리 문화의 변화하는 합법성의 기준을 제공할 뿐만 아니라 30년 후 우리가 스스로의 잠재력을 꿈꿀 때 어떤 꿈을 꾸어야 하는지도 시사했다.[9]

랜드마크 포럼은 지금도 운영되고 있으며, 웹 사이트에 접속하면 "긍정적이고 영구적인 삶의 질 변화"를 가져오는 데 목표를 둔 수련 프로그램에 관한 내용을 볼 수 있으며, 그 프로그램은 수련생들이 "새롭고 유일한 종류의 자유와 힘을 직접적으로 이끌어내도록 할 것이다". 여기서 말하는 '자유는 어떠한 상황에서도 편안함을 느끼게 해주는 자유이며, 효율성은 여러분에게 현실적으로 문제가

되는 분야에서의 새로운 효율성이며, 힘은 여러분이 전념하고 있는 것을 현실로 만드는 힘이다'.[10]

이 교육은 여전히 기업들에서 인기가 높다. 랜드마크 포럼에 대한 가장 요란한 지지 그룹 중 하나가 요가 의류 회사 룰루레몬 lululemon이다. 이 회사는 est와 마찬가지로 소문자로 표기해야 한다. ≪이브닝 스탠더드≫에 실린 기사에서 룰루레몬의 한 커뮤니티 관리자는 자기 회사를 '하티 반바지hotty hot shorts'를 사러 가는 곳 이상으로 묘사했다.[11] "우리는 매우 강력한 문화가 있는 가치 중심의 회사입니다. 우리의 사명은 세계를 평범한 것에서 위대한 것으로 승화하는 것입니다." 판매 보조원들은 '교육자'로, 고객은 '손님'으로 불린다. 모든 직원은 10년 목표를 공개적으로 발표해야 하며, 근무한 지 1년이 지나면 3일간의 랜드마크 수련 교육을 무료로 받을 수 있다.

경영 전문가들은 1980년대에 새로운 유형의 경영 전략을 장려하기 시작했다. 강력한 기업문화를 발전시킴으로써 경영자들은 그들의 직원들에게 더 효과적이고 심오한 방식으로 동기를 부여할 수 있었다. 직원들이 단순히 돈을 위해 일하는 것이 아니라 그들 자신보다 더 큰 무엇을 위해 일을 한다고 설득할 수 있다면, 그들은 한 가족의 일원으로서 정서적 및 사회적으로 더욱 포괄적인 방식으로 회사에 포용될 수 있었다. 열망은 규칙에만 집착하는 것을 헌신으로 대체해 직원들이 회사 개발에 시간과 에너지를 투자하도록 동기를 부여할 수 있었다. 그들은 사무실에 들어와 단순히 일하는 로봇처럼 규칙만 따르지는 않았을 것이다. 그들은 사상, 신념, 경험, 감정, 창조력을 가지고 그곳에 왔을 것이다. 이 모든 것은 이제 조직의 가치를 풍부하게 하는 아주 중요한 자원으로 간주되고 있다.

이 전략의 기발한 부분은 직원들이 기업문화에 더욱 통합되어 있다고 느끼게 함으로써 더는 징벌적이거나 기술적인 측면에서 통제되거나 동기를 부여받아야 할 필요가 없다는 것이다. 직원들의 감정적인 측면을 대상으로 하는 것은 더 호의적인 방식으로 그들을 통제할 수 있도록 했다. 조직학 학자인 기드온 쿤다Gideon Kunda가 규범적이라고 부른 이 통제 방식은 "상징적인 보상이 조직에 대한 도덕적인 지향으로 교환되는 경험적인 거래"에 기반을 둔다.[12] 직원들은 직원으로서뿐만 아니라 자신의 개인적 자아로서 다루어진다.

한 요가 스튜디오 주인은 ≪이브닝 스탠더드≫가 룰루레몬에 관해 물었을 때 "나는 그렇게 긍정적인 회사와 거래한 적이 처음이다", "'만남meeting'이라는 단어는 금지되어 있고, 그 대신에 '커넥트connect'라고 말하는데, 각 커넥트의 주요 목적은 '놀라움과 기쁨'에 있다"라고 말했다.

경영학 교수 피터 플레밍Peter Fleming(1907~1971)은 그의 책 『업무의 진정성과 문화정치Authenticity and the Cultural Politics of Work』

에서 선레이Sunray라는 호주 콜센터에서 직원들이 자신의 진정한 자아와 모든 결점까지 드러내도록 격려한다고 설명한다. 종업원들은 개인 물품을 작업장에 가져올 수 있었다. 복장 규정은 없었다. 파티를 주선하고 동료들 간의 성적 관계가 허용되었다. 한 여성이 남자 친구와 헤어졌을 때, 그녀는 직장에 나와 자신의 경험과 감정을 나눌 것을 요청받았다. 플레밍이 말한 것처럼, 이 직장에서의 명령은 다른 누군가가 되는 것이 아니라 "바로 너 자신이 되는 것"에 대한 명령이었다.[13]

자포스에 대한 ≪뉴욕 타임스≫의 프로필 기사에서 우리는 다음과 같은 유사한 설명을 발견한다. "젊은 노동자들은 많이들 문신을 한다. 복장 규정은 매우 캐주얼하다. 책상 위에는 거대한 봉제 동물들이 어수선하게 쌓여 있고, 블루 맨 그룹Blue Man Group이 디자인한 소리 나는 조각품들이 벽면에 줄지어 있다."[14] 토니 셰이가 문화를 최우선시하기로 결정했을 때 그는 자신의 아이디어를 강요하고 싶지 않았다. 그 대신 그는 모든 직원에게 자포스가 그들에게 무엇인지를 적어달라고 요청했다. 그 결과, 직원들의 다양한 경험을 싣고 회사의 10가지 핵심 가치들을 요약한 『자포스 컬처 북Zappos Culture Book』이 만들어졌다. 10가지 핵심 가치 중 하나가 "재미있으면서 약간 괴상한 것 만들기"이다. 셰이는 "우리는 우리 자신을 다른 모든 사람과 조금 기이하게 차별화하기 위해 무엇을 할 수 있

을까?"를 당신 자신에게 물어보라고 적었다.[15]

방문자들이 자포스의 '문화 탐방 여행' 일정의 하나로 사무실에 들르면 그들은 이 기이함을 직접 체험할 수 있다. 셰이는 『행복 전달하기Delivering Happiness』에서 "모든 여행은 다 다릅니다"라고 설명한다. "여러분은 우리 회사 로비에서 로봇처럼 꾸민 팝콘 기계나 커피 기계를 볼 수 있습니다. 여러분은 소프트웨어 개발자가 만든 임시 볼링장, 해적 분장을 한 직원들, 노래방 직원들, 동물들이 졸고 있는 애완동물원, 또는 핫도그 사교 파티를 볼 수 있습니다." 그는 다음과 같이 계속한다. "아니면 직원들이 자발적으로 다른 직원들의 머리를 깎아주는 연례행사인 '대머리와 파랑Bald & Blue'에 참석할 수도 있습니다." 기벽과 광란은 물론 더 포괄적인 업무 이데올로기의 일부다. 자포스는 그들의 웹 사이트에 이렇게 설명한다.

> 우리는 여러분이 여러분 자신이 되어 재밌는 시간을 보내는 것을 권장합니다. 우리는 전통적인 의미에서 일과 삶의 균형을 추구하지 않으며, 오히려 '일과 삶의 통합'을 신뢰합니다. 우리는 직장 밖에서뿐만 아니라 직장에서도 즐거운 시간을 보내는 것을 좋아합니다. 여러분의 별난 기질이나 어색한 춤 동작을 숨길 필요가 없습니다. 어떤 면에서는 여러분이 여기에서 일함으로써 '인생에서 잠시 벗어나 휴식'을 취하는 것일지도 모릅니다.

반권위주의적 이상들은, 처음에는 미국 기업계에 대한 대응으로 집단적으로 조직되었지만, 이제는 자포스, 룰루레몬 및 선레이와 같은 회사들의 기업문화에 완전히 통합되었다. 라이히가 진정성과 성의 도덕적 가치에 바탕을 둔 행복의 개념을 개발했을 때, 그는 이러한 가치를 직장에서 찾으리라고는 결코 꿈에도 생각하지 않았을 것이다.

우리는 어떻게 이 지경에 이르렀을까? 왜 오늘날 많은 기구와 조직체들은 개인의 자유와 행복에 관한 메시지를 홍보하는 데 참여하고 있는가? 이와 같은 문화적 변화를 이해하기 위해서는 시간을 거슬러 올라가 1950년대와 1960년대에 임금노동과 노동조직을 공개적으로 비난했던 비판을 검토할 필요가 있다. 그 당시에는 아침에 일터로 나가고 저녁에 집으로 돌아오는 것을 멋있거나 자유로운 것으로 여기지 않았다. 1950년대의 비트 제너레이션Beat generation에게 임금노동은 진정성과 창의성을 죽이는, 정신을 마비시키는 악이었다. 1960년대 후반에 거리로 몰려나온 학생들에게 일은 벗어나야만 하는 감옥이었다.

비트 코퍼레이션

찰스 부코스키에게는 시인, 소설가, 피클 공장 노동자, 우편배달부,

주정뱅이 등 많은 수식어가 따라붙지만, 그는 빛나는 행복을 표상하는 포스터의 소년은 아니었다. 부코스키의 푹 들어간 눈과 흉터 있는 얼굴, 그의 콧구멍에서 비스듬히 그어진 깊은 주름들은 허름한 술집에서 밤늦도록 술을 마시며 보낸 결과가 틀림없었다. 하지만 그를 지치게 한 것은 그것만이 아니었다. 다른 탓도 있었는데, 그것은 고되고 천한 일이었다.

부코스키는 1969년 49세의 나이로 마침내 임금노동의 감옥에서 벗어날 수 있었다. 월 100달러의 급여를 제공함으로써 이 탈출을 가능하게 해준 출판사 발행인 존 마틴John Martin에게 보낸 편지에서 부코스키는 끔찍한 노동이 그에게 어떤 타격을 입혔는지 설명한다.

"눈은 게슴츠레해진다. 목소리가 추해진다. 그리고 몸도, 머리카락도, 손톱도, 신발도 추해진다."

왜, 부코스키는 그런 굴욕에 동의할 사람이 있는지 물었을까? 그는 같은 편지에 이렇게 썼다. "젊었을 때 나는 사람들이 그런 조건에 목숨을 걸 수 있다는 것을 믿을 수 없었다. 노인이 된 지금도 나는 여전히 그것을 믿을 수 없다. 그들은 무엇을 위해 그 일을 하는가? 섹스? 텔레비전? 자동차 할부금? 아니면 아이들을 위해? 그들이 했던 것과 똑같은 일을 할 아이들을 위해?"[16]

부코스키 혼자만 이렇게 느낀 것이 아니었다. 포드자동차와 같은 대기업들이 일과 여가를 뚜렷이 구분하는 완전히 새로운 삶의 구조를 처음으로 도입했을 때, 그것은 획기적인 인도적 대전환인 것처럼 보였다. 1938년 「공정근로기준법」의 일환으로 제도화된 주 40시간 근로는 새벽부터 해질 녘까지 일을 하는 것처럼 보이는 산업주의의 가혹한 조건에서 확실히 한 걸음 나아간 것이었다.

그러나 분위기는 빠르게 바뀌었고, 1950년대와 1960년대에 이르러 보헤미안들이 캘리포니아에 정착하고 비트족과 히피족이 문화의 전면에 등장하면서, 오전 9시에서 오후 5시까지 해야 하는 힘들고 단조로운 일은 사무실과 텔레비전 사이를 무의미하게 끊임없이 오가는 가식적인 삶의 상징이 되었다. 1950년대와 1960년대 반체제 그룹들에 의해 표출된 비판이 이제는 자포스와 '일과 삶의 통합' 이미지로 귀결되는 것이 다소 아이러니해 보인다. 약 60년이 지난 지금 우리는 새로운 유형의 불안정한, 정해진 시간대에 국한되지 않는 24/7 직장문화를 달성했다. 비트족과 히피족이 무엇을 꿈꾸었던 간에 이것은 아니었다.

시인 앨런 긴스버그Allen Ginsberg는 1950년대 중반 샌프란시스코에 살면서 시장조사 전문 회사에 일자리를 얻었다. 비록 이것이 그가 찾고 있던, 정확히 그런 종류의 일이긴 했지만, 그 일이 자신을 노예로 만들까 봐 두려워했다. 긴스버그는 그의 치료사가 가장 하고 싶은 것이 무엇인지를 묻자 이렇게 대답했다. "나는 정말로 일하는 걸 영원히 중단하고 싶습니다. 내가 지금 하는 그런 종류의 일을 다시는 하고 싶지 않습니다. 시를 쓰고 야외에서 하루를 보내고 박물관에 가서 친구를 만나는 여가 생활 외에는 아무것도 하고 싶지 않습니다."[17]

무법자를 자처할 뿐만 아니라 부모님에게서 생활비까지 받고 있던, 긴스버그의 친한 친구 윌리엄 버로스William S. Burroughs에게 임금노동은 결코 진지한 선택이 아니었다. 버로스는 1965년 가을 ≪파리 리뷰≫ 기자가 "왜 마약 복용을 시작했느냐?"라고 질문하자 이렇게 비꼬는 투로 대답했다. "글쎄요, 그저 지루했어요. 나는 성공한 광고 책임자나 어떤 다른 직업에 별 관심이 없는 것 같았어요."

1960년대 중반, 이미 사망한 빌헬름 라이히가 유명해진 것도 이 무렵이었다. 사람들은 그를 반체제의 아이콘으로 널리 받아들였으며, 그의 많은 열성 팬 중 한 명이 바로 수많은 오르곤 축적기를 갖고 있던 버로스였다. 1949년 케루악에게 보낸 편지에서 버로스는 오르곤 상자로 행한 성공적인 실험을 설명하면서 "그 사람(라이히)은 미친 게 아니라, 완전한 천재"라고 썼다.[18]

라이히의 의심할 여지없는 반권위주의적인 성적 해방과 사회변화에 대한 메시지는 학생들의 저항운동이 전 세계로 확산하면서 1960년대의 마지막 몇 해 동안 반향을 불러일으켰다. 권위, 가부장주의 및 가족구조에 대한 그의 비판이 저항운동의 주류를 이루었다. 비트족이 표명한 유토피아적인 비전을 군중이 외쳐댔다. 그리고 시위대는 파리의 거리에다 "출근, 업무, 퇴근, 잠 ……", "당신들은 모두 안락함에 의존하다가 죽을 것이다", "절대 일하지 말라"라는 반노동 구호들을 쓰고 있었다. 1968년 파리 봉기의 중심인물인 상황주의자 라울 바네겜Raoul Vaneigem은 그의 저서 『일상생활의 혁명Revolution of Everyday Life』에서 일과 여가로 나뉘는 순응적인 삶에 대해 공격을 시작했는데, 그는 이 두 가지 활동을 '거세용 가위의 쌍둥이 날'에 비유했다.[19] 그 혁명 이후, 파업자들이 주간 10시간 근무를 요구하고, 피켓 행진을 중단하고, 공장과 사무실에서 사랑을 나눌 것이라고 그는 상상했다.

그러나, 물론 상황은 그렇게 되지 않았다. 팀 페리스Tim Ferriss와 같은 자칭 전문가들이 주 4시간 근무는 물론이고 다른 기업가적 망상에 관해 이야기하기를 좋아하는 것이 사실이지만, 그런 종류의 진단은 정규직 미국인이 일주일에 평균 40시간 이상을 일하는 상황에서 단번에 진지하게 받아들이기 어렵다. 우리는 이런 상황의 전개를 어떻게 설명할 수 있을까? 1968년 봉기 이후 몇 년 동안 사람들은 계속해서 자기의 일에 불만을 표시했다. 프랑스와 몇몇 나라에서의 대규모 파업은 고용주들이 이 비판에 대응하도록 강요했다. 그들의 초기 전략은 노동조합과 더 나은 급여를 협상하고 고용 안정성을 향상하는 것이었지만 그 방법은 쓸모없는 것으로 판명되었다.

1970년대 후반에 일부 고용주들이 전술을 바꿨다. 만약 이들 모두가 자유, 자율성 및 진실성에 관심을 가졌다면, 왜 그걸 그들에게 주지 않을까? 아니면 오히려 당신들이 그들에게 주고 있었다고 왜 선포하지 않는 것인가?

이것이 프랑스의 이론가 뤽 볼탕스키Luc Boltanski(1940~)와 이브 치아펠로Eve Chiapello(1965~)가 자본주의의 새로운 정신이라고 부르는 것의 시작이 되었다.[20] 연대, 평등 및 안전과 같은 용어들은 시대에 뒤떨어진 것으로 간주되었다. 국가는 의심의 대상이 되었다. 관료적인 제도와 포드주의적 작업구조는 개성의 억압과 동의어가 되었다.

더 창조적인 기업들은 새로운 흐름에 매력적으로 다가가기 위해 완전히 새로운 언어를 재빨리 채택했다. 이사회 이사들과 최고 경영자는 자율성, 창의력, 권한 부여, 해방 및 네트워크에 관해 이야기할 것이다. 반노동 구호들은 도시의 벽에서 씻겨 나갔다가 기업의 연례 보고서에서 다시 나타날 것이다.

1970년대 초에 미국의 경영 전문가들이 꼭 같은 인식을 하기 시작했다. 많은 젊은이, 특히 자신의 진정성을 표현하고 싶은 강한 열망을 가진 젊은이들은 기업들을 수상하게 보았다. 경영진들에게는 이것이 심각한 문제였다. 그들은 이 젊은 세대가 단기적으로는 기업에 도전적인 자세를 취할 수 있지만, 장기적으로는 매우 귀중한 기회를 제공한다는 것을 알고 있었다. 그들이 이 창의적인 젊은이들을 자기들 쪽으로 끌어올 수 있다면, 얻을 것이 많았다. 1970년 ≪하버드 비즈니스 리뷰≫에 두 편의 기사가 실렸는데, 두 기사 모두 이와 관련된 주장을 폈다. 조 켈리Joe Kelly가 쓴 첫 번째 기사에서는 '격동의 시대'와 이것이 기업에 제기한 도전에 관해 이야기했다. 새뮤얼 컬버트Samuel A. Culbert와 제임스 엘든James M. Elden이 쓴 "경영자를 위한 행동주의의 해부학An Anatomy of Activism for Executives"이라는 두 번째 기사는 훨씬 더 나아갔다. 그들은 앞부분에서 미국의 캄보디아 침공과 UCLA와 켄트 주립대학교에서의 학생 항의 시위에 대해 논했는데, 후자의 경우엔 방위군의 총격으로 네 명의 학생이 희생되었다.

이 각각의 기사들은 은밀히 벌어지고 있는 전면적인 갈등을 멈추고, 그 대신 그런 에너지를 생산적인 방식으로 사용할 때라고 주장했다. 켈리는 이렇게 썼다. "갈등 자체가 해롭고 어떤 희생을 치르더라도 피해야 한다는 관념을 포함한 오래된 인간관계 개념은 이제 더는 사실에 부합하지 않는다. 사실 새로운 접근 방식은 갈등이 적절하게 처리된다면 더 효과적이고 적절한 합의로 이어질 수 있다는 것이다."[21] 성난 젊은이들은 대화에 참여하지 않을 수 없었다. 왜냐하면 몇 년 후에 그들은 기성세대의 동료로서 기업에 들어갈 것이기 때문이다. 그러나 더 중요한 것은, 경영자들이 바로 이 젊은 세대가 소유한 새로운 통찰력과 아이디어를 필요로 했다는 점이다. 이

것이 컬버트와 엘든이 그들의 글에서 제시한 주요 요점이다. "경영자들이 '혁명'과 '해방'과 같은 구호의 근원에 눈을 뜰 수만 있다면, 그들은 교육받은 젊은이들의 동기에만 반응하는 것이 아니라 이익을 얻을 수 있었을 것이다."22

이런 글이 처음 쓰인 지 거의 50년이 지난 지금 이를 다시 읽는 것은 대단히 흥미롭다. 오늘날 우리는 얼마나 많은 기업이 이러한 조언을 따랐으며, 혁명과 해방의 구호를 기업문화에 어떻게 성공적으로 접목했는지 알 수 있다. 그러나 우리가 이러한 사업장들을 자세히 들여다보면, 우리는 그러한 구호들이 근무시간을 연장하고 삶과 일 사이의 경계를 흐리게 하는 데 사용될 수 있다는 것을 알 수 있다.

진정성의 숨은 비용

오전 9시-오후 5시 작업 규정에 대한 비판은 비트족과 히피족들이 나온 이후에도 오래 계속되었다. 그러나 돌리 파튼Dolly Parton이 1980년에 『9에서 5 9 to 5』라는 히트작을 발표했을 때 전통적인 형태의 9시-5시 직장 생활은 이미 퇴색하기 시작했다. 이때는 바로 로널드 레이건이 대통령에 취임할 예정이었고 영국의 마거릿 대처는 이미 1년 이상 영국 총리로 재임한 상태였다. 대처와 함께 레이건은 신

자유주의 혁명을 주도하려 했다. 그는 이를 위해 대담한 정치 전략을 사용했다. 때때로 좌편향적인 정서를 가지고 있지만 개성의 표현이 사회적 불평등보다 더 절박하다는 것을 알게 된 '비순응형의 내부지향적인' 사람들에게 호소하면서, 그는 쉽게 정부를 정상화할 수 있었고 점점 더 많은 사람을 믿을 수 없을 정도로 얌전하게 만들었다. 1981년 1만 3000명의 항공 관제사들이 더 나은 근무 조건을 요구하며 파업에 돌입하자, 레이건은 그들 모두를 거의 해고하며 강력하게 대응했다. 레이건 대통령은 재임 시 청년층을 위해 최저임금을 낮추려고 노력했고 연방정부 각 기관에 임시직 고용을 권장했다.

모든 부류의 정치가들은 '노동시장 유연성'이라는 완곡어법으로 그들의 주도권을 합법화하면서 뒤를 따랐다. 수백만 명의 사람들이 조만간 장기적이고 안정적인 고정 업무를 수행하는 대신 비정기적인 일자리, 단기 계약, 변동이 심한 근로시간, 예측할 수 없는 급여, 그리고 경력 혜택을 거의 못 받는 불안정한 최하층 계급의 구렁텅이로 던져졌다.[23]

가이 스탠딩Guy Standing(1948~)은 자신의 저서 『프레카리아트The Precariat』에서 노동시장 유연성이 실제로 의미하는 것은 "위험과 불안"이 "노동자와 그 가족들"로 옮겨져 안정성이라는 닻이 없는 전 세계 수백만 명의 사람들로 구성된 "지구적인 '프레카리아트(불안정한 프롤레타리아트)'의 탄생"으로 절정에 달한다는 것이다.[24]

장기간 안정된 수입이 없이, 단기간의 계약에서 다음 계약으로 끊임없이 옮겨 가며 한 일거리를 다른 일거리로 바꿔야 하는 프레카리아트는 지속적인 불안감을 안고 산다. "만성적인 불안감은 가장자리에 불안정하게 서 있는 것뿐만 아니라, 한 번의 실수 또는 불운의 한 조각이 소박한 품위와 걸인 사이의 균형을 깨뜨릴 수 있다는 것을 알고 있는 것과 연관된다."[25]

지난 수십 년간의 기술 혁신으로 많은 사람이 모든 곳에서 항상 일할 수 있었다. 경영 전문가들이 일과 삶의 균형에 이별을 고하고 그 대신 일과 삶의 통합이라고 부르는 것을 환영함으로써 비생산적인 삶의 주머니가 점점 더 위협받고 있다. 『24/7: (후기)자본주의와 수면의 종말24/7: (Late) Capitalism and the Ends of Sleep』[26]에서 조너선 크래리Jonathan Crary는 자본주의가 이제 사람들이 잠든 때를 포함해 언제나 그들을 식민화하려 한다고 주장한다. 그는, 미국에서 평균적인 사람이 20세기 초에는 10시간, 1950년대에는 8시간, 그리고 오늘날에는 6시간 30분 동안 잠을 잔다고 주장한다. 크래리의 주장처럼, 우리는 이제 끊임없이 깨어 있어야 하고, 중단 없이 일해야 한다. 이 논리에 따르면 수면은 24/7 자본주의에 대한 장벽의 한 형태가 된다. 이제는 수면 또한 생산성 논리에 종속될 위기에 처해 있다.

많은 직업에서 삶과 일과의 경계가 거의 사라졌다는 것은 이제

뉴스가 아니다. 아마도 더 주목할 만하고 걱정스러운 것은, 일부 노동자들이 심지어 잠들어 있을 때도 전원을 끄지 못해 생산성을 유지한다는 것이다. 몇 년 전, 정보통신기술 분야의 한 직원은 긴장을 절대 풀 수 없다며 감정에 호소하는 글을 썼다. 그는 많은 사람이 그러하듯 단순히 일에 대한 꿈을 꾸는 것이 아니라, 잠 속에서 문제를 해결하면서 실제로 일을 하는 자신을 발견했다. 그는 병을 앓는 드문 경우를 제외하고는 일 이외 어떠한 것도 상상할 수 없다는 것이 비극이라고 설명했다.[27] 이것은 우리가 이전에 생각했던 것보다 더 흔한 일일 수 있다. 최근 외근 노동자mobile worker들을 대상으로 한 설문 조사에 따르면, 응답자의 38퍼센트가 이메일을 확인하기 위해 밤중 어느 시점에 잠을 깬 것으로 나타났다.

이것은 한병철이 "일종의 도핑사회doping society로 서서히 발전하고 있는 성과사회achievement society"라고 부르는 상태이다.[28] 매 순간이 자신을 더 생산적이거나 더 효과적인 것으로 만들 기회로 전환될 때, 자본주의적 축적을 벗어난 비생산적인 시간이 더는 존재하지 않는다. 성과와 적극성에 대한 이 같은 집착은 "과도한 피로와 탈진을 일으킨다". 더 나쁜 것은 고독한 피로이다. 한병철은 계속해서 "이것은 분리 및 격리 효과가 있다"라고 지적한다.[29]

우리는 다시 출발점으로 돌아왔다. 부코스키가 일상 업무에서 겪었던 피로와 탈진이 다시 나타났다. 그러나 이번에는 탈진이 일에서 오는 것이 아니라 일에 대한 투자에서 온다. 부코스키는 이 장 처음에 인용된 것처럼 '단지 일하는 것만으로는 충분치 않았으며, 그것에 관심을 가져야 했고, 심지어 그것에 열정도 가져야 한다는 것을 알았'을 때 탈진이 오고 있음을 알았다.

직원들은 회사와의 계약을 준수하는 것 이상으로 일을 자신의 진정한 정신을 발견할 기회로 생각해야 한다. 그러나 일이 추상적인 행복 추구로 바뀌면 직원들은 어디에 선을 그려야 할지 궁금해한다.

불안정한 존재(precarity)의 격렬성

1930년대에 영국의 철학자 버트런드 러셀Bertrand Russell(1872~1970)은 "지루함을 단순히 제거하는 것에서 가장 심오한 기쁨에까지 이르는" 일이 어느 정도 흥미진진할 수 있다는 것을 관찰했다.[30] 일반적으로 일은 따분하지만, 일은 적극적 선택을 하는 사람들의 실존적 부담을 덜어주는 장점이 있다. 일을 할 때 우리는 자유 시간을 가장 잘 보내는 방법에 대해 걱정할 필요가 없다. 간단히 말해, 일은 "권태를 예방해 준다".[31]

그러나 오늘날 일은 권태로부터의 탈출로 거의 묘사되지 않는다. 대신 그것은 행복에 이르는 필수 경로가 되었다. 자포스 같은 곳에서 행복은 회사가 하는 일의 다행스러운 부작용이 아니라 일에 관한 철학의 본질이다. 행복은 신발 상자의 형태로 고객들에게 전달하는 것이다. 그리고 직원들이 회사에 정서적으로 그들 자신을 투자하면 그들에게 제공된다. 행복은 직원들이 그들의 업무와 접속하고 관계를 맺기를 원한다. 그들은 거기에 있지 않을 수 없어 있는 것이 아니라 그들이 정말로 원하기 때문에, 그리고 그들이 '업무를 사랑하기' 때문에 거기에 있는 것이어야 한다.

러셀은 사람들이 특정 기술을 발휘할 수 있게 해주는 의미 있고 건설적인 일이 그들에게 큰 만족의 원천이 될 수 있다고 주장했다. 2015년 미국 노동자의 절반 가까이가 그들이 하는 일에 만족한다고 했다. 이 비율은 지난 10년 동안 증가해 오긴 했지만, 여전히 인구의 절반은 불만족 상태에 있다는 의미다. 러셀이 노동을 통해 행복을 획득할 가능성을 생각했던 1930년대와 오늘날 우리가 살아가는 정서적 자본주의 시대의 차이점은 무엇일까? 지금은 '흥미롭고' '자극적인' 일자리가 무한히 많이 있고, 근로 상황이 얼마나 나쁘고 해로운지에 관계없이 근로자들이 자기들의 일에서 행복할 것으로 기대하는 것이 그 차이점이 되지는 않을 것이다. 도코미츠 미야Miya Tokomitsu는 『좋아하는 일을 하라Do What You Love』에서 "사랑으로 일하기work-as- love라는 기획 또한 저임금 서비스 노동의 영역에 스며들었다"라고 이야기한다. 그녀는 한 가지 사례로 ≪크레이그리스트Craiglist≫에 광고하는 한 인력 서비스 회사가 현재 집 청소를 할 '열정적인 개인'을 찾고 있다는 데 주목한다.[32] ≪런던 리뷰 오브 북스London Review of Books≫에 쓴 글에서 폴 마이에르스코프Paul Myerscough는 영국의 패스트푸드 체인 프레타망제에 근무하는 노동자들은 꼭 행복하고 긍정적으로 보일 필요가 없다고 설명한다. 그들은 행복해야 한다. 그곳의 한 관리자가 말했듯이 "행복하다는 것의 진정성이 중요하다."[33] 물론 첫 급여가 영국의 최저임금보다 약간 높다는 사실이 요점이긴 하다.

추정컨대 직원들이 '자신의 일을 사랑하고' 일과 삶의 균형이 일과 삶의 통합으로 대체된 자포스와 같은 직장에서는, 라울 바네겜이 경고했던 '거세용 가위'에 대해 더 이상 걱정할 필요가 없다. 왜냐하면 이곳에선 일과 여가라는 두 날이 적절하게 하나로 변형되었기 때문이다. 그러나 일 이외에는 아무것도 존재하는 것 같지 않을 때, '당신이 좋아하는 일을 하는 것'은 쉽게 악몽으로 변할 수 있다. 2015년 한 연구 결과에 따르면, 많은 사무직 근로자들이 자기의 일에 만족한다고 보고는 하지만, 그들은 목에 단내가 날 정도로 소진된 느낌을 갖는다. 토코미츠는 이렇게 말한다. "당신이 좋아하는 것을 하라'와 '더없는 행복을 따르라'와 같은 만트라는 아늑한 위안을 얻는 자기관리와 쾌락 속에서 끊임없는 생산과 소비라는 무자비한 이데올로기를 이따금씩 감춘다."[34] 행복이 더는 실현 가능한 것이 아니라 필수적인 것이 될 때, 종업원들은 자신의 행복에 대해 보고

해야 할 뿐만 아니라 진실한 태도로 행복을 표현해야만 한다. 토코미츠는 계속해서 말한다. "고용주들을 위해서는 다행스럽게도", "당신이 사랑하는 것을 하라DWYL: do-what-you-love에 의해 성문화된 꾸준한 행복이라는 대중문화는 사람들이 프로젝트를 겉보기로는 얼마나 끈질기게 그리고 신명나게 수행해야 하는지, 일에 대한 효율적인 방법을 제공한다."[35]

일하는 것과 일하지 않는 것 사이의 경계가 사라지고 일을 통해 행복을 추구하는 사람들이 점점 더 많아질 것으로 예상되면서 우리는 한병철이 말하는 '피로사회burnout society'의 등장을 볼 수 있다.[36] 노동시간은 한 세기 동안 꾸준히 감소한 뒤(1870년 3000시간에서 1973년 1887시간으로), 이러한 추세는 갑자기 끝났다. 1973년부터 2006년까지 평균적인 미국 노동자의 연평균 근로시간은 180시간 더 늘어난 반면, 임금은 대체로 보합세를 보였다.[37]

많은 곳에서 과잉노동이 정상화되는 가운데, 일부 기업은 이를 자랑하기 위해 한발 더 나아갔다. 아마존사 최고 경영자 제프리 베조스Jeffrey Bezos는 주주들에게 보낸 서한에서 "여러분은 긴 시간, 열심히 또는 영리하게 일할 수 있지만, 아마존사에서 여러분은 셋 가운데 둘을 선택할 수 없습니다"라고 썼다. ≪뉴욕 타임스≫는 한 보도에서 아마존사의 비인간적인 근로문화를 폭로했다. 회사를 떠난 전 마케팅 담당자 중 한 명은 "아마존사에 대해 오래도록 지워지

지 않는 이미지는 사무실에서 울고 있는 사람들을 지켜보는 것이었다"라고 설명했다.[38]

아마존은 2009년 자포스를 인수했음에도 그 중대한 메시지를 행복한 것으로 만들지 못했다. 이처럼 각 기업문화 사이에는 큰 차이가 있지만, 우리는 아마존이 어떻게 1970년대 버전의 인간 잠재력 운동으로부터 영감을 얻었는지 알 수 있는데, 그것은 이 회사의 버전이 좀 더 기업적인 형태를 취하고 있었기 때문이다. 그들의 핵심 '규칙'들 중에는 "종업원들이 '주인'이라는 자부심을 가져야 하는 것(No.2) 또는 회사 비즈니스의 모든 요소에 대한 숙달과 '몰두'라는 우리에게 친숙한 개념이 있었다".[39]

에설런 초기 시절에 만든 "자신의 삶에 대해 주인의식 갖기"라는 문구가 이제 많은 기업에서 일반적으로 사용하는 구호가 되었다. ≪뉴욕타임스≫ 보도에 따르면 아마존사는 대부분의 다른 기업들보다 "더 가혹하고 덜 관대한" 기업으로 평가되고 있다. ≪뉴욕타임스≫는 이 회사의 화합이 '과대평가'되고 있으며, '정직한 비판' 분위기를 조성한다고 묘사했다. 규칙 13항에 따르면 아마존의 직원들은 "동의하지 않더라도 헌신"해야 하는데, 이는 결정을 내리기 전에 고통스러울 만큼 직설적인 피드백으로 '동료들을 맹공격해야 한다'는 뜻이다.

이는 모든 직원들이 나서서 두려움을 무릅쓰고 정직한 자기비판에 참여해야 한다는, 펄스의 '뜨거운 자리'의 최신 버전이다. 그들은 자신을 검열하지 않고 자신의 생각과 아이디어를 공유할 필요가 있다. 그러나 한 가지 중요한 차이점이 있다. 아마존의 노동자들은 권위적인 사람들에게서 벗어나 진정한 내면의 자아를 찾기 위해 이러한 활동에 참여하는 것이 아니다. 그들은 그들의 실행 능력을 입증하고 과시하기 위해, 즉 자신의 성과를 보여주기 위해 이 활동에 참여하고 있는 것이다. 그들은 끊임없이 감시받고 평가받으며, 뒤처진 사람들은 쫓겨나고 있다. 한 직원이 말했듯이, "다른 모든 사람을 능가하는 것이 모두의 관심사이다".[40] 여기에서 자본주의적 근본주의 논리가 인간 잠재력 운동의 기법과 만난다.

이탈리아 철학자 프랑코 '비포' 베라르디Franco 'Bifo' Berardi (1948~)가 지적한 바와 같이, 자본주의적 절대주의 시대에, "우리의 모든 집단적 에너지는 하나의 목표, 즉 살아남기 위해 다른 모든 사람들과 싸우는 데 동원된다".[41]

아마존에선 회사 동료들이 "한 사람을 한꺼번에 매장한다"는 '조용한 협정'을 맺었다. 한 전직 종업원은 수년간 계속 높은 평점을 받았다. 그런데 그녀의 아버지가 갑자기 병을 얻었고, 그녀는 아버지를 보살피기 위해 시간을 빼앗겨야 했다. 얼마 지나지 않아 그녀는 자신이 '문제'가 되었다는 통보를 받았다. 성과 목표를 달성하지 못했던 다른 모든 직원처럼 그녀는 해고당했다. 이것은 전직 인력 자원 관리자가 설명했듯이 "단호한 다윈주의"였다. 이 철학은 희생자가 없다는 베르너 에르하르트의 개념과 크게 다르지 않다. 아마존에선 "암, 유산 및 기타 개인적 위기를 겪은 사람들"이 신속하게 "쫓겨났다".[42] 이것은 우리가 거리에서 강도를 만나든, 차에 치이든, 강제수용소로 보내지든, 암에 걸리든 간에 우리의 삶에서 일어나는 모든 일에 책임이 있다는 에르하르트 개념의 논리적 결론이다.

비포는 모든 사람이 서로 경쟁할 때 새로운 유형의 사고방식이 나타난다고 주장한다. 노동자들은 "실적에 대한 압박, 실패에 대한 굴욕, 정리 해고의 위협에 직면해" 외로움을 느낀다. 사회적 관계들이 허물어진다. 모두가 죄책감을 느낀다. 그들은 "서로 돕지 못하고 연대를 구축할 수 없는 것"에 대해 서로를 비난한다.[43]

이것은 행복이라는 환상이 오늘 속으로 들어왔다는 의미다. 비트 제너레이션에게 그랬던 것처럼, 일은 행복의 반대편에 서 있지 않다. 러셀이 이야기한 것처럼 일은 행복을 향한 길도 아니다. 아니, 행복은 행복이 멀리 떨어져 있는 것같이 보이는 장소나 상황에서도 노동자가 표현하고 경험해야 하는 의무다. 행복이라는 환상은 더 풍성하고 흥미로운 직장 생활에 대한 노동자의 환상이 아니다. 직원들과 함께 원하는 것을 할 수 있다는 생각은 관리자의 환상이다. 트럼프의 구호인 "당신은 해고되었습니다!"로 가장 잘 요약되는 환상이다.

다음 장에서 논하는 바와 같이, 우리는 마약과 관련해 이와 유사한 이상한 변화를 볼 수 있다. 1960년대에 마약이 평범하고 지루한 제도와 직업적 요구의 세계에서 벗어나기 위한 수단으로 흔히 사용되었다고 한다면 이제는 더 생산적이고 창의적이 되기 위해, 요컨대 일의 세계에 더 잘 적응하기 위한 수단으로 재포장되고 있다.

4장

행복감 높이기

지옥을 가늠하거나 또는 천사처럼 날아오르기 위해,

그냥 약간의 환각 상태를 가져보십시오.

험프리 오즈먼드

깨우고 소통하고 벗어나라

1966년 CBS와의 인터뷰에서 레너드 코언Leonard Cohen (1934~2016, 캐나다의 작곡가, 시인)은 자신의 견해로는 행복과 마약은 결코 양립할 수 없다고 설명했다. “모든 것이 계속되거나 멈춥니다”라며 그는 탁하고 개성 있는 목소리로 다소 모호하게 말하기 시작한다. “내 말은, 여러분들은 여러분이 언제 행복한지를 안다는 것입니다. 정신의학, 마약, 그리고 긍정적인 사고, 이데올로기 등 행복의 메커니즘에 대해 많은 이야기가 있었습니다. 하지만 나는 정말로 그 메커니즘이 존재한다고 생각합니다. 여러분이 해야 할 일이라곤 잠시 조용히 있는 것입니다. 그러면 여러분이 어디 있는지 알게 됩니다.”[1]

인터뷰 진행자가 “그리고 당신이 어디에 있는지를 알아내는 데는 마약이나 술 또는 다른 어떤 것의 도움이 필요하지 않습니까?”라고 질문하자, 코언은 “글쎄요, 그건 도움의 문제가 아닙니다”라고 답했다.

“하지만 여러분은 술이 여러분에게 주는 환상과 손잡을 수 있습니다. 그리고 LSD가 여러분에게 주는 환상과 손잡을 수 있습니다. 이 모든 것들은 단지 '옷이나 가방 속 또는 방 안에 몰래 숨긴 불법적인 물건'일 때 문제가 될 뿐, 그것들은 우리를 위해 존재하며 우리가 사용해야 한다고 생각합니다."

이 인터뷰보다 약 30년 전인 1938년, 화학자 알베르트 호프만Albert Hofmann(1906~2008)은 스위스의 산도스Sandoz 제약회사 실험실에서 근무하는 동안 예상치 않은 중대한 발견을 했다. 그는 의학적으로 자궁에 긍정적인 영향을 미치는 것으로 생각되는 알칼로이드와 유사한 화합물을 만들었는데, LSD-25라는 이름의 이 25번째 화합물은 실제로 강한 자궁 수축 효과를 나타냈다.[2]

그 화합물은 따로 보관되었는데, 5년 후인 1943년 호프만은 다시 실험실로 돌아가 그것을 합성하기로 결정했다. 그는 어쩌다가 그 합성물을 극소량 섭취하게 되었다. 아직은 그에게 약간의 느낌을 갖게 하는 것으로 끝났다. 그는 그다음 주에 그가 '엄청나게 안전하다고 믿고 있는 양인 250마이크로그램'을 사용해 통제된 자기 실험을 했다. 이번에는 그 느낌이 단순함 이상이었고, 그는 "'이상하게 취해' 시간이 왜곡되고, 환상적인 색채와 모양이 눈앞에 나타나기 시작했다"고 말했다.[3] 호프만은 위험할 정도로 강력한 화학분자를 발견했다. 그는 세계 최초로 LSD 여행을 했던 것이다.

몇 년 후인 1950년대 초, CIA가 그 약에 관심을 갖기 시작했다.

소련이 전쟁에 사용할 의도로 엄청난 양의 LSD를 비축했다는 소문이 떠돈 것이다.[4] 소문이 거짓이라는 점이 밝혀지기는 했지만, 그 바람에 CIA는 그 약물의 사용 가능한 용도를 탐구하는 데 관심을 갖게 되었고, 결국 미국 대학에서 실시하는 일련의 연구 실험에 자금을 지원하기 시작했다.

한편, 1953년에 소설가 올더스 헉슬리는 당시 캐나다의 정신병원에서 조현병 치료에 메스칼린mescaline을 사용할 수 있는지 연구 중이던 정신과 의사 험프리 오즈먼드와 친구가 되었다.[5] 헉슬리와 오즈먼드는 처음 대면하기 전부터 서로 서신을 주고받기 시작했다. 두 사람이 교류하는 과정에서 정신에 변화를 주는 약물을 구체적으로 언급할 때 사용되는 '환각성psychedelic'이라는 단어가 처음으로 만들어졌다. 헉슬리는 "이 하찮은 세상을 숭고하게 만들기 위해, 판네로다임phanerothyme 반 그램을 가져 가십시오"라고 편지에 썼다. 오즈먼드는 이렇게 회신했다. "지옥을 가늠하거나 천사처럼 날아오르기 위해 그냥 약간의 환각 상태를 가져보십시오."[6]

곧바로 그해 5월에 오즈먼드는 헉슬리를 만나러 캘리포니아로 갔다. 그는 1회 복용 분량의 메스칼린을 가져왔고, 헉슬리는 그의 아내와 오즈먼드의 감독하에 그것을 복용했다. 헉슬리는 약물 주입 이후 8시간 동안의 환각 체험을 기록했다. 약에 취한 상태로 정원을 산책하는 동안 그는 "내 몸이 내 마음에서 거의 완전히 분리된 것 같았다"라고 했다. 그는 계속했다. "이 팔과 다리가 '저 바깥'에 있고, 이 몸통과 목, 그리고 심지어 머리까지도 완전히 외부의 것이 되어, '내가' 이전의 내가 아닌 것 같은 이상한 생각이 들었다." 헉슬리는 정원을 둘러보면서 그 아름다움에 충격을 받았다. 정원에 놓인 의자가 갑자기 강렬한 매혹의 대상이 되었다. "그림자가 드리운 캔버스 덮개 위에, 백열광白熱光의 줄무늬와 번갈아 가며 나타나는, 깊지만 빛나는 쪽빛의 줄무늬가 몹시 밝아서 푸른 불빛 이외의 것으로 만들어질 수 있다고 믿기 어려웠다."[7] 헉슬리의 관찰과 경험은 메스칼린의 주제에 관한 철학적이고 역사적인 명상과 함께 1954년에 나온 그의 책 『인식의 문The Doors of Perception』을 저술케 했으며, 점점 늘어나고 있는 반체제적인 보헤미안들, 특히 환각 상태에 관심이 있는 사람들 사이에서 곧 숭배의 대상이 되는 지위를 얻게 될 참이었다. 심지어 록 밴드 더 도어즈The Doors의 이름에 영감을 주었다.

LSD는 당시 문화와 완벽하게 어울렸다. 칼 엘리엇Carl Elliott이 관찰한 것처럼 "환각제는 섹스와 공동생활처럼 단순히 쾌락주의의 표현으로서만이 아니라, 좀 더 진정한 삶의 방식을 접하려는 욕구로 여겨졌다".[8]

당연히 에설런은 진정성을 전달한다고 약속을 하며 환각운동의 중심에 서 있었다. 이미 처음부터 에설런 방문객들은 "마음을 여는 약물mind-opening drugs"과 관련된 강좌에 참석할 수 있었다. 1962년에 열린 첫 번째 세미나 중 하나는 '약물 유발 신비주의Drug-Induced Mysticism'였다. 그 과정은 그 후 몇 년 동안 프로그램에 계속 포함되었으며 연구소의 가장 인기 있는 강좌 중 하나가 되었다. 독서 목록에는 헉슬리의 책 『인식의 문』, 앨런 와츠가 LSD 경험에 대해 이야기한 『즐거운 우주론The Joyous Cosmology』이 포함되었다.

에설런 개설 때부터 함께해 왔던 와츠는 처음에는 LSD 테스트를 꺼렸다. 그는 비트 제너레이션 작가들이 마리화나, 페요테 및 기타 향정신성 물질에 대해 표출한 열의를 이해할 수 없었다. 그는 그것들이 '종교적 체험의 문'이라고 생각하지 않았다.[9] 그러나 와츠가 헉슬리한테 자극을 받아 마침내 LSD를 시도했을 때, 그는 그 경험이 너무나 심오해서 그것을 주제로 책을 쓰기로 했다.

와츠는 1962년에 출간한 『즐거운 우주론』에서 많은 철학자들이 정신과 육체를 분리해야 한다고 주장하는 것에 대해 격렬히 비판하면서 이 이원성이 "인간을 자기 통제적인 유기체에서 자기 좌절적인 유기체로 변화시켰다"라고 주장한다.[10] 이와는 대조적으로, 동양의 신비주의는 물질적인 것과 정신적인 것의 분리를 거부하는데, 와츠는 그러한 동양적 인식을 서구 문화에 도입하기를 원했다. 그 방법 중 하나가 바로 환각 물질을 사용하는 것이었고, 그는 이를 위해 LSD, 메스칼린 및 실로시빈psilocybin으로 몸소 실험을 감행했다.

그 물질을 섭취했을 때 그는 마음과 물질의 경계가 어떻게 사라지는지 느낄 수 있었다. "세상은 내 머리 안과 바깥에 동시에 있었다"[11]라고 그는 술회했다. 헉슬리처럼 그는 새로운 지각의 감각을 경험했고, 그리고 그가 보았던 것이 환각 상태에서의 지각이 아니라 단지 사물을 보는 또 다른 방법이라는 점을 조심스럽게 지적했다. 그는 자신이 관찰했던 여행 중 하나를 이렇게 얘기했다. "내가 지금 보고 있는 풍경은 내 머릿속에 있는 뉴런의 상태이며, 또한 나 자신의 상태이기도 하다. 나는 내 손에 만져지는 바위를 내 손가락으로 느낀다. 맥박, 거울 앞에서 돋보기를 통해 보이는 눈, 자신이 외부 세계에 있는 어떤 것이라는 것을 깨닫는 충격보다 낯선 것은 없다."[12]

와츠는 LSD가 행복에 협력할 수 있다고 말한 레너드 코언과 마찬가지로 "이 약물들은 지혜를 전하지는 않지만 지혜의 원료를 제공한다"라고 주장했다. 기쁨의 진정한 본질을 깨닫는 데 도움이 될 수 있다는 것이다.

LSD의 복음과 그것의 긍정적인 효과를 설파한 두 명의 상징적인 인물 티모시 리어리Timothy Leary(1920~1996)와 리처드 앨퍼트Richard Alpert(1931~)는 와츠의 책을 "우주 시대의 신비주의에 관한 가장 훌륭한 진술"이라고 칭하면서 홍보했다.[13] 리어리와 앨퍼트는 「머리말」에서 그것을 "뇌에 맞서는 마음을 수반하는" 종류의 정치,

즉 '신경계의 정치'에 관한 일종의 강력한 비판이라고 서술했다. 여기서 말하는 뇌는 "검열하고, 경고하고, 평가하는 부분의 유기체 및 세계와는 그 자체 관계를 끊고 있는 압제적인 언어적 뇌"를 지칭한다. 그들은 신경계의 정치가 마음을 제어하는 장치라고 주장했다. 그 기능은 사람들이 생각하고 행동하는 방식을 규제하고 검열하는 것이었다. 그들이 생각하기에 LSD는 그런 시스템에 대항해 사용될 수 있는 도구였다. 그것은 분명한 의미를 가진 자유, 즉 '학습된 문화적 정신에서 나온 자유'를 가져올 수 있다. 이것은 '인위적인 문화적 지식 저편의 의식을 확대할 수 있는 자유'이며, '언어 게임(사회적 게임, 자아 게임)에 대한 끊임없는 집착에서 그 너머에 존재하는 즐거운 화합으로 이동하는 자유'이다.[14]

1960년대 초 하버드 인성연구센터Harvard Center for Research in Personality의 두 젊은 심리학자 리어리와 앨퍼트는 환각제, 특히 메스칼린의 합성 형태인 실로시빈에 대한 일련의 실험을 준비했다. 이 두 사람은 나중에 하버드 대학교에서 해고당한 후, '내적 자유를 위한 국제재단International Foundation for Internal Freedom'이라는 자신들의 조직을 설립했다. 리어리는 나중에 이렇게 썼다. "나는 1963년에 하버드를 떠났다. 평범한 대학교수와 과학자의 역할을 포기하고, 아무런 사전지식도 없이 무속인, 운동가, 그리고 사회변혁의 주동자가 되었다."[15] 리어리와 앨퍼트는 모두 1960년대 반체제 운동의 저명한 인물이 되었고, 리어리는 환각운동의 지도자로 널리 알려졌다.

리어리는 헉슬리가 제안했던 것처럼 환각제가 새로운 차원의 자아와 그것의 물질세계와의 친밀한 관계를 탐구하는 방법만 제공하는 것이 아니라는 점을 다른 많은 사람들과 함께 믿게 되었다. 그는, 거기엔 사회적·정치적 차원이 또한 있다면서 LSD는 억압적인 세계에 맞서는 무기로 사용될 수 있다고 주장했다. 따라서 환각물질들은 단순히 화학적 문제만이 아니라 또한 정치적인 문제이기도 했다. 그것들은 혁명을 약속했다. 월터 트루잇 앤더슨Walter Truett Anderson(1933~)이 1983년에 발표한 『갑자기 완연해진 봄The Upstart Spring』에 썼듯이, "환각제는 모든 사람이 도달할 수 있는 초월적인 종교적 경험을 가져다줄 것이며 모든 억압의 원천인 낡은 의식을 타파하고 세상을 신속하게 변화시킬 것"이라는 믿음이 있었다.[16]

리어리는 헉슬리의 저서 『인식의 문』을 훌륭한 영감의 원천으로 꼽으며 그에 대한 자신의 지적 부채를 솔직히 인정했다. 리어리는 헉슬리의 지원을 얻기 위해 1962년에 그를 만나러 갔다. 그러나 헉슬리는 감명을 받지 못했다. 오즈먼드에게 보낸 편지에서 헉슬리는 리어리에 대해 "그는 말도 안 되는 말을 늘어놓았다"라고 썼다.[17]

그러나 헉슬리의 이 거리낌은 리어리의 인기에 거의 영향을 미치지 못했다. 애덤 스미스Adam Smith가 1975년에 출간한 책 『마음의 힘The Power of Mind』에서 말했듯이, "리어리는 자신이 혁명의 최전선에 있다고 생각했다".[18] 혁명이 일어났건 아니건 간에 리어리는 최전방에 있었고, 1967년에는 샌프란시스코 금문교 공원에 모인 수만 명의 군중 앞에서 연설함으로써 역사적인 모습을 보였다. 그들은 LSD를 금지하는 새로운 캘리포니아 법에 의해 촉발된 대규모 평화시위를 위해 모였다. 리어리는 그의 연설에서 잊을 수 없는 캐치프레이즈를 전달했는데, 이것은 정치적인 시민운동에서 사용하는 캐치프레이즈의 대명사가 되었다. 바로 "(의식 상태를) 깨우고turn in, (주변 환경과 조화롭게) 소통하고turn on, (기존 틀에서) 벗어나라drop out"라는 캐치프레이즈였다. 이 관용구를 처음 만든 사람은 마셜 맥루언Marshall McLuhan(1911~1980)이었지만, 그는 리어리가 이것을 사용하는 것을 좋아했다. 리어리에게 약물은 단순히 약에 취해 내면의 우주를 여행하는 데 그치지 않았다. 약물은 사회에서 벗어나려는 더 큰 열망의 일부로 사용될 수 있었다. 리어리는 "고등학교를 벗어나고(중퇴하고) 대학을 벗어나고 대학원을 벗어나라"고 연설했다.

LSD는 1940년대 초 스위스의 한 실험실에서 우연히 만들어진 이후, 낡은 자기 좌절적인 마음을 바꿀 뿐만 아니라 낡은 세상을 전복하려는 세대의 가장 중요한 상징물이 되었다. 약물은 제도가 행사하는 사회적 통제를 넘어, 부계사회의 권위를 넘어, 자기 검열과 억압 및 포기를 넘어 그들이 꿈꾸는 혁명, 진정한 행복을 누리는 삶의 상징이 되었다. 약물은 라이히의 자연적이고 성적 행복의 꿈에 근거한 행복이라는 환상이었다. 약물은 비록 물질의 형태로 태어났지만 마음속의 '소인배'를 죽이고, 극도로 힘든 초자아를 극복하며, 개인을 자유롭게 하도록 고안된 물질이었다.

그러나 앞으로 알게 되겠지만, 약물의 변형력을 설파한 이는 리어리와 같은 변절한 자유의지론자만 있었던 것은 아니다. 거의 비슷한 시기에, 제약회사와 정신과 의사들은 행복 추구 또는 불행과의 전쟁에서 화학물질의 사용을 옹호하는 캠페인을 시작했다.

의약품에 맞선 사례

헝가리 태생의 정신과 의사 토머스 스테펜 서스Thomas Stephen Szasz (1920~2012)도 헉슬리처럼 티모시 리어리에게 감동하지 못했다. 서스는 죽기 몇 년 전, 그의 책 『치유법으로서의 강제Coercion as Cure』에 리어리를 "책임감 있는 어른들의 세계로 성장하고 합류해야 할 젊은이들을 대상으로 자기애적이고, 허무주의적이며, 애처로운 메시지를 설교한 탈선한 가톨릭신자이며 타락한 심리학자"라고 썼다.[19]

비록 서스는 만약 성인들이 꼭 원한다면 그들이 자유롭게 약물을 복용하게 해야 한다고 생각하긴 했지만, 리어리처럼 그들에게서 혁명을 일으킬 잠재력을 보지 못하고 죽는다. 더욱이 서스는 인간이 되는 것이 무엇을 의미하는지에 대해 완전히 다른 개념을 지지했고, 인간의 마음은 사회의 관례로부터 해방되어야 하고, 화학물질은 이 목적에 유용하게 사용될 수 있다고 생각했던 리어리와 달리 화학물질에 그와 같은 잠재력을 부여하지 않았다. 실제로 리어리는 "인간은 머리를 쓰는 법을 몰랐고, 정적이고 반복적인 평상심 자체가 '질병'의 원천이며, 그 과제는 마음을 변화시키는 신경 화학물질을 발견하는 것이고", "LSD가 그런 약일지도 모른다"고 믿었다.[20]

그러나 서스에게 문제가 된 것은 사람들이 '정상적인 마음' 속에 갇혀 있고, LSD 사용을 통해 거기서 해방될 필요가 있다는 것이 아니었다. 그는 의학이 정상적인 마음을 병리화할 것이라고 걱정했다. 환각제든 진정제든, 서스는 그러한 약물들에서 인간의 정신적 압박을 해방해 줄 잠재력을 보지 못했다.

리어리가 하버드에서 해직된 것과 같은 해인 1963년에 서스는 '치료국가therapeutic state'라는 용어를 만들었다. 이 용어에는 그가 '의학과 국가는 정치적으로 결합해 있다'고 보았다는 의미가 담겨 있다. 즉, 의사들은 "교회와 국가가 결합해 있을 때 성직자들이 수행했던 것과 같은 종류의 모호하고 이중적인 역할을 하고 있었다"는 것이다.[21] 서스는 단지 최근에 생겨난 비평가 집단의 한 사람이었으며, 때로는 게으르고 비협조적인 정신병학자로 불렸다. 그는 정신의학의 사회정치적 측면에 주의를 기울이려고 시도했다.[22] 비록 정신의학에 대한 조직적 저항이 이미 19세기 후반에 있긴 했지만, 항정신병 약물의 출현으로 정신의학의 이론과 실천이 결정적으로 정밀 조사를 받게 된 1950년대까지는 그렇지 않았다.

CIA가 마음을 통제하기 위한 약물의 잠재적 사용에 대해 더 많은 것을 알려는 의도로 대학에서의 LSD 실험에 자금을 지원하는 동안, 서스와 같은 비평가들은 정신의학과 의학 담론이 더 넓고 깊어지고 있는 것을 억압적인 사회의 대두로 보고 그것에 대한 불안감을 표명하는 데 여념이 없었다. 1961년에 서스는 그의 첫 번째 주요 저작 『정신질환의 신화The Myth of Mental Illness』를 발표했다. 그는 이 책에서, 정신의학은 점성술이나 연금술과 가장 잘 비교되는 의사擬似과학이라고 주장했다.[23] 그는 계속해서, 정신질환은 전혀 질병이 아니며 정신과 의사들이 인간 행동을 통제하기 위해 만들어낸 단순한 신화라고 주장했다. 그는 나중에 그에 대해 이렇게 기록했다. "가지eggplant에 난자egg가 없듯이, 정신질환mental llness엔 질환illness이 없다."[24]

그보다 몇 년 전에, 네덜란드의 정신과 의사인 요스트 메이를로Joost A. Meerloo(1903~1976)가 비슷한 우려를 표명한 바 있다. 그는 1956년 긴 불만을 토로한 작품인 『마음속 강간The Rape of the Mind』에서 당시 시장에 나와 있는 새로운 의약품에 대해 경고하며, 동료들에게 그런 약품들을 너무 맹목적으로 받아들이지 말 것을 권고했다. 그는 특정 의약품의 이름을 밝히진 않았지만, 그 무렵 출시되어 논란이 되고 있는 항정신병약을 언급한 것일 가능성이 크다. 그는 현역으로 활동하는 정신과 의사로서 당시 모습을 드러내고 있던 광고 선전을 관찰했다. “내 책상에 넘쳐흐르는 도구와 다양한 색깔의 약은 자신들 없이 인류는 행복할 수 없을 것이라고 내게 말하는 것 같다.”[25] 메이를로는 그의 동료들에게 의사로서 ‘장애의 더 깊은 원인’을 찾아야 하는 그런 경우에 ‘진정제와 각성제’를 처방하지 말라고 경고했다. 메이를로는 치료제의 성공이, 아무리 심각한 질병이라도 모든 사람이 빠르고 쉽게 행복한 상태로 회복할 수 있다는 다소 순진한 신념을 수반해 왔음을 우려했다. 그가 가장 우려했던 것은 자신과 같은 의사들이 환자의 고통에 대한 근본 원인을 규명하는 일을 멈추고 그 대신 쉬운 길을 택해 마약을 처방하는 일이었다. 메이를로는 인간 행동에 대한 그러한 기계적 지향이 개인의 자유와 독립성에 치명적인 영향을 미칠 수 있다고 주장했다. 그는 ‘인간의 마음을 복종과 굴종’으로 인도하려는 침습적인 정치의 출현을 보았다. 그는 다소 직설적으로 “약물과 그와 유사한 정신 관련 약품들은 사람들을 노예로 만들 수 있다”라고 말했다.[26]

흥미롭게도, 이 선전 캠페인은 환각운동이 내세웠던 것과 동일한 어휘를 사용하고 있었다. 리어리는 자신을 주술가이자 사회변혁의 주동자라고 불렀다. 그는 약물 사용을 통해 더 많은 사회의 관습을 관찰할 수 있게 되었으며, 부르주아의 규범을 통해서는 행복을 찾지 못한다는 것을 깨닫게 되었다고 했다. 가정이든, 학교든, 직장이든, 안정된 제도의 일원이 되는 것으로는 행복을 찾을 수 없고, 오히려 거기서 탈출함으로써, 즉 조직화된 사회의 모든 억압적인 요소들로부터 자신을 단절시켜 자유로워짐으로써 찾을 수 있다는 것이다.

하지만 메이를로에게 이것은 환각이었다. 마약중독 치료 시설에서 현재 활용하는 것과 같은 내용의 환각이었다. 그것은 "우리가 자유롭게 행동하는 사람들이 되기 위해 기적의 약물을 사용해야 한다는 허구"를 적극적으로 이용했다.[27] 그러나 메이를로는, 이 약물이 사람들을 자유롭게 만드는 대신 의존적인 사람으로 변화시킬 것이라고 주장했다. "약물과 의료 기술은 사람을 순종적이고 순응적인 존재로 만드는 데 사용될 수 있다."[28] 그는 또한 다소 음모론적인 방식으로 "마약중독자는 압제적인 정치 세력들에 의해 조종당할 수 있는 약자"라고 주장했다.[29]

우리는 여기서 약물과 행복의 관계에 관한 두 개의 상충하는 이론이 있다는 것을 알게 된다. 하나는 약물이 진정성과 쾌락을 바탕으로 새로운 행복감을 만들어내는 잠재력을 지녔다고 주장하는 리어리의 이론이고, 다른 하나는 약물이 어떤 형태의 진정한 행복도 가로막으며, 약물의 힘으로 얻는 행복이란 자기애적이고 허무주의적인 것이라고 주장하는 서스의 이론이다.

서스는 실제로 제도적 권력과 개인에 대한 제도적 힘의 통제에 비판적이었다. 그러나 그는 의약품 사용이나 정신과 치료에서 어떤 혁명적인 힘을 보지 못했다. 약물의 영향을 받는 사람들은 약물로 자신을 더 자유롭게 하고 감정과 더 잘 이어질 수 있게 하기보다는 그것을 남용하기 쉽다. 그들은 더 자유롭기는커녕 더욱 유순하고 순종적인 사람으로 만드는 정신병학 기제에 사로잡힐 확률이 높았다. 약물이 가져다준 행복은 진정한 행복이 아니라 가식적인 행복이었다. 일단 마약을 복용하자, 사람들이 그들 자신을 잃어버렸다. 그들은 독립성을 잃고 의존적이 되었다.

이 같은 비판은 다양한 형태와 모습으로 다음 수십 년 동안 계속 정신의학 관련 기관들과 팽팽한 대칭 관계를 유지했다. 정신의학 관련 약물을 투여받는 개인의 이미지는 상실의 이미지였다. 더는 자신이 아닌 다른 누군가의 것이었다. 아마도 가장 두드러진(그리고 지속적인) 약물 치료 환자의 이미지는 켄 키지Ken Kesey(1935~2001)가 1961년에 발표한 소설 『뻐꾸기 둥지 위로 날아간 새One Flew Over the Cuckoo's Nest』에서 만들어졌을 것이다. 그는 병실에 앉아 자신만의 독특한 활동에 전념하는 환자들의 모습을 슬프고도 재미나게 묘사한다. "만화의 세계 같은", 키지는 이렇게 적었다. "인물들이 평평하고 검은색 윤곽선으로 된 곳에서 일종의 바보 같은 이야기를 훑어본다. 만화 속 인물들이 실제 사내들이 아니라면 정말 재미있을지도 모를 …….”30 그렇지만 스피커에서 흘러나온 음성이 약 먹을 시간이라고 알려주자 그들은 줄을 서고, 자신의 약이 담긴 종이컵을 받아 약을 삼키면 그들은 더 이상 실재하지 않는다. 이제 완전히 온순하고 통제할 수 있는 상태가 된다.

프로작과 진정한 약속

그리고 1987년에 프로작Prozac•이 출시되었다. 켄 키지의 디스토피아에 있는 환자에게 처방된 약물처럼 프로작은 큰 영향을 미쳤다. 그러나 이 약품은 행동거지를 부드럽게 하고 사람을 더 유순하고 순응적으로 만드는 대신 그 반대 효과를 보였다. 그들이 현실감을 느끼게 한 것이다. 적어도 이는 일부 사용자들에게서 나타난 효과였다.

1993년 베스트셀러였던 『프로작에 대한 상식Listening to Prozac』에서 저자 피터 크레이머Peter Kramer(1933~)는 그의 환자 중 한 명인 테스Tess가 프로작에 놀랄 만큼 긍정적인 반응을 보인 데 주목했다. 테스는 갑자기 활력이 살아난 것을 느꼈다. 테스는 자의식을 잃지 않고, 마침내 얻었다. 그녀는 크레이머에게 “나는 다시 나 자신입니다”

• 우울증치료제의 상품명이다.

라고 말했다.[31] 테스는 생애 처음으로 남자들을 사귀기 시작했다. 그녀는 남자에게 관심 갖는 것을 좋아했을 뿐 아니라 복잡한 구애 게임을 즐겼다. 크레이머는 "환자의 사회생활이 이처럼 너무나 빠르게, 그리고 극적으로 재형성되는 것을 본 적이 없었다"라고 썼다.[32]

테스는 그때 약물 치료를 중지하려고 했다. 얼마간은 약물 없이도 괜찮았다. 그런데 곧 그녀의 병이 도졌다. 테스는 크레이머에게 다시 연락해 "나는 나 자신이 아닙니다"라고 말했다.[33]

크레이머는 당황했다. 처음 투약했을 때 테스는 현실감을 느꼈다. 그 후 투약을 중지하자, 그녀는 비현실감을 느꼈다. 그 당시 그녀가 우울증을 앓고 있었는지는 확실치 않았지만, 크레이머는 그녀가 잘못된 길로 가고 있다고 확신했으므로 약물 치료를 다시 시작했다. 그리고 운 좋게도 효과가 있었다. 다시 한번, 테스는 새로운 자아로 돌아왔다.

프로작은 1987년에 출시된 이래로 인기 있는 약물이었다. 그러나 크레이머가 테스와 이야기를 나누면서 그 약이 성공한 진짜 이유, 즉 그 약이 사람들에게 진정성을 느끼게 해준다는 것을 깨닫기 전까지는 그렇지 않았다.[34]

테스의 병세 호전에 만족해하면서도, 크레이머는 또한 불안했다. 테스가 예전에 자신의 자아감과 연관시켰던 그 모든 친밀한 특성은 어떻게 된 것일까? 그것들이 이젠 다 지워졌을까? 그녀가 태어났을 때 누군가가 이름표를 뒤섞어 놓은 것처럼 그녀의 모든 과거 이야기는 거짓이었을까? 크레이머는 "순식간에 그처럼 친밀해지고 일관성을 갖는 특성은 나의 것이 아니다. 그것들은 생경하고 결함이 있고 문제가 있다. 그래서 어떤 사람을 대대로 그의 친척과 조상과 연결하는 특정한 습관의 정신과 신체는 이제는 '다른 사람 것'이다"라고 말했다.[35] 프로작은 테스에게 자신이 누구인지에 대해 새로운 감각을 주었다. 그녀는 새로운 자기 이야기를 구성할 수 있었고 완전히 다른 방식으로 건강과 병리 문제를 평가하기 시작했다. 그녀가 "진실하고, 정상적이며, 온전하다고 느끼는 자아를 찾아냈으며", 약물 치료를 "때때로 그 자아의 유지에 필요한 보조물"로 보았다고, 크레이머는 주장했다.[36]

이 사건에서 놀라운 점은 테스가 단순히 자신을 "개선하거나", "향상시키지" 않았다는 것이다. 그녀는 더 극적으로, 자신이 누구인지에 대한 그녀의 경험을 바꾸었다. 그녀는 자신의 진정한 자아를 발견했다.

미국의 철학자 칼 엘리엇Carl Elliott은 『더 나은 것: 미국 의학은 미국의 꿈을 만난다Better Than Well: American Medicine Meets the American Dream』에서, 진실성이 도덕적 소명召命으로 경험되는 시대에는 약물 치료를 포함한 모든 종류의 자기 개선 기술들이 새로운 의미를 얻는다고 설득력 있게 주장한다. 그런 기술들은 그 개체가

가짜인 경우 다음과 같이 진짜가 되도록 한다.

> 이것은 무엇보다도 기술 향상의 진실성에 대한 언어 사용을 끌어내는 데 도움이 된다. 그것은 일종의 허위, 자기애 또는 지위 추구를 대표하는 상상된 비판에 맞서 자신을 정당화하는 방법이다. 아니, 그것들은 이것 중 어느 하나도 아니다. 당신은 이렇게 말한다. "내가 얼굴 주름살 펴는 성형수술을 받고, 스테로이드를 복용하기 시작하고, 성전환 수술을 받았을 때 나는 정말로 나 자신처럼 느껴졌다."[37]

이것은 과학 실험의 일환으로 LSD를 처음 테스트할 때 저명한 배우 캐리 그랜트Cary Grant(1904~1986)가 경험했던 것이기도 하다. 칼 엘리엇은 LSD가 그의 허풍과 위선을 모두 벗겨내고 그의 사회적 역할이 그를 발전시키고 수행하도록 자극하여 그를 완전히 변화시켰다고 덧붙였다. LSD 실험을 할 때 그랜트는 처음으로 "내부의 방을 들여다보며 자신이 실제로 누구인지 발견할 수 있었다"[38]고 한다.

그러나 물론 모든 사람이 LSD든 프로작이든, 약물을 통해 자신을 발견할 만큼 운이 좋은 것은 아니다. 데이비드 카프David A. Karp(1944~)는 『그것은 나일까, 아니면 내 약일까? 항우울제로 살아가기Is It Me or My Meds? Living with Antidepressants』에서 우울증과 약물 사용 경험이 있는 사람들의 이야기를 풀어놓는다. 카프가 인터뷰한 인물 중 한 명은 자신의 정체성과 씨름하고 있었다. "나는 마약을 하는 사람처럼 느껴지지 않습니다. 나는 내가 마치 그보다 더 나은 사람인 것처럼 느껴집니다만, 내가 누구라는 것은 아닙니다." 60대 초반의 한 여성은 그녀의 치료사가 그녀에게 알약이 그녀를 더 그녀답게 만들 것이라고 말했지만, 그녀는 "마치 그 알약이 나를 나에게서 멀어지게 하고, 다른 일을 하는 것 같았다"고 설명했다. 또래의 다른 여성도 비슷한 경험을 이렇게 설명했다. 약에 취해 있을 때면 "나는 생각을 할 수 없었습니다. 나는 운전조차 할 수 없었습니다. 나는 내가 아니었습니다. 그리고 그것은 끔찍한 느낌입니다".[39]

모든 사람이 다 테스와 마찬가지로 자기 발견을 지각한 것은 아니었다. 많은 사람이 오히려 실망감을 느꼈고, 마치 자신의 진정한 자아가 길을 잃은 것처럼 느꼈다. 비록 환자들의 이야기가 서로 다르긴 하지만 한 가지 공통점이 있었는데, 그것은 그들의 자아감과 관련지어 약물을 평가하고, 약물이 진정한 자아의식을 경험하는 데 도움이 되는지 아닌지에 대해 주장한다는 것이다. 아마도 이 이야기들은 의학이나 정신의학에 대한 것이라기보다 진정한 감정을 느끼는 것이 더 어렵다는 것을 이야기하는 것 같다.

행복이라는 환상 이론에 따르면, 자신의 진정한 내면을 먼저 발견하지 않는 한 행복할 수 없다. 정신의학적 담론과 의약품은 결코 사회의 규범과 가치에서 분리되지 않는다. 투약과 치료에 대한 우리의 경험은 문화적 흐름에 크게 영향을 받는다. 그러나 이제 알게 되겠지만, 정신의학은 단순히 행복이라는 환상을 반영하는 것뿐만 아니라 행복하고 건강한 인간이 되는 것이 무엇을 의미하는지에 대한 환상을 형성하는 데에도 중요한 역할을 한다.

행복의 병리학

임상심리학자 리처드 P. 벤탈Richard P. Bentall(1956~)은 1992년 ≪저널 오브 메디컬 에틱스Journal of Medical Ethics≫에 발표한 논문에서 행복은 정신의학적 진단으로 분류되어야 하고, '정신질환 진단 및 통계편람DSM: Diagnostic and Statistical Manual of Mental Disorders'에 포함되어야 한다고 제안했다. 미국 정신의학회에서 발간하는 DSM은, 정신의학자들이 계속 늘어나는 진단 목록을 추적하기 위해 사용하는 표준 매뉴얼로, 비공식적으로 '정신의학의 성서'로 알려져 있다.[40] 벤탈은, 물론 역설적이게도, 행복은 "통계적으로 비정상적이고, 별개의 증상군집症狀群集으로 구성되며, 다양한 인지 기능 이상異常과 관련이 있으며, 아마도 중추신경계의 비정상적인 기능을 반영하는 것"[41]이라고 주장했다. 이 병은 "현실과의 접촉 부족"을 나타내는 질환이다. 벤탈은 "과학적 정확성"을 확인하고 "가능한 한 모든 진단상의 모호

성"을 줄이기 위해 "주요 정서적 장애, 쾌적한 유형Major Affective Disorder, Pleasant Type"이라는 전문용어를 사용할 것을 권장했다.[42]

132쪽 분량의 DSM이 1952년에 발간되자, 바로 논쟁에 휩싸였다. 정신과 의사들이 환자를 진단할 때 동일한 기준을 사용할 수 없다는 것을 밝혀낸 심리학 연구가 3년 전에 발표되었다. 환자에 관해 정확하고 동일한 정보를 제공받았을지라도 그들은 그 경우의 20퍼센트만 받아들였다. 그로부터 몇 년 후인 1962년에 나온 후속 연구에 따르면 정신과 의사들은 동의하기보다 여전히 동의하지 않는 쪽이 더 많은 것으로 나타났다.[43]

DSM은 생각할 수 있는 모든 형태의 정신질환을 분류하고 정의하려는 고귀한 과학적 열망의 산물임에도 불구하고 그 시대의 지배적인 가치에 의해 형성된 시간의 산물이었다. 잘 알려진 사례는 동성애가 1973년까지 정신과적 진단명으로 기록되었다는 점이다. 그 이후에도 그 진단은 '자아이질성 동성애Ego-Dystonic Homosexuality'라는 용어로 몇 년 더 유지되었다. 이 용어는 선택에 의해서가 아니라 부지불식간에 동성애자로 불려진, 치료적 지원이 필요한 사람들을 지칭했다. 게리 그린버그Gary Greenberg가 말했듯이 "그것은 윈윈이었다. 동성애자들은 더는 기괴하고 무의미한 치료(또는 정신과 의사의 도움을 받는 차별)를 받지 않을 것이고, APAAmerican Psychological Association(미국심리학회)는 항의에 의해 굴욕을 당하지 않을 것이며,

모든 곳의 치료사들은 동성애 환자들을 치료하기 위해 보험금을 계속 받을 것이었기 때문이다".[44]

DSM은 1968년에 발표된 2차 개정판이 134쪽, 1980년에 발표된 DSM-III가 500쪽, 1994년에 발표된 DSM-IV가 886쪽으로 분량이 늘어났다.

2013년에 발간한 최신 개정판 DSM-5는 1000쪽이 조금 안 된다. 이미 오염된 논쟁에 뛰어들고 싶은 마음은 없지만, 이 매뉴얼의 최신 개정판이 이전 개정판보다 분량이 더 많고 더 포괄적일 뿐만 아니라 더 종합적이라고 해서 더 가치가 있는 것은 아니다. 이 개정판은 이른바 '예방적 접근법'을 채택했는데, 이는 장애의 초기 징후만으로도 진단으로 분류할 수 있다는 것을 의미한다. 한 아이가 일주일에 세 번 이상 발끈 성질을 부리면 '파괴적 기분 조절 곤란 장애Disruptive Mood Dysregulation Disorder' 진단을 받기에 충분할 수 있다. 여러분이 일주일에 두 끼 이상 정량보다 더 많이 먹으면, '폭식장애'로 고통받을 수도 있다. 여러분이 사람들의 이름과 얼굴을 잊어버리거나 혼란스럽거나, 때로는 지나치게 고양된다면 '운동신경증Minor Neurocognitive Disorder', '혼합불안/우울장애Mixed Anxiety/Depressive Disorder', 또는 어쩌면 '성인주의력결핍장애Adult Attention Deficit Disorder' 중 하나로 진단받을 수도 있다.

우리는 어떻게 이와 같은 진단의 폭발적인 증가를 설명할 수 있을까? 정신과 의사들이 이러한 추세의 중심에 있다는 것은 의심의 여지가 없지만, 그렇다고 전적으로 정신과 의사들의 책임은 아니다. 제약회사들도 적극적인 역할을 한다. 예를 들어 의약품 정치의 또 다른 핵심 주체인 FDA에서 승인한 새로운 향정신성 의약품을 구하려면, 종종 그 약품을 특정 진단에 연결해야 한다. 그리고 이것은 다소 간결한 용어로 진단이 더 포괄적일수록 더 많은 사람이 포함된다는 것을 의미하며, 더 나아가 의약품 판매가 더 많아진다는 것을 의미한다.

칼 엘리엇은 『흰색 코트, 검은색 모자White Coat, Black Hat』에서 의료 산업의 어두운 구석들을 지나가야 하는 참혹한 여행을 통해 의료기관들이 어떻게 약을 교묘하게 마케팅하는지 보여준다. 예를 들어 일부 제약회사들은 대필 작가를 고용하여 약의 효능을 과장하거나 부작용은 가리면서 우호적인 결과를 제시하는 경향이 있다. '커런트 메디컬 디렉션스Current Medical Directions'라는 한 의료통신회사는 대형 제약회사인 화이자Pfizer Inc.에서 돈을 받고 항우울제인 졸로프트에 대한 일련의 연구 논문을 발표했다. 데이비드 힐리David Healy와 디나 커텔Dinah Cattell이 이끄는 독자적인 조사에서, 이 의료통신회사는 화이자가 비용을 부담하는 기간에 졸로프트에 관한 기사를 다른 모든 독립 연구자들의 것을 합친 것보다 더 많이 발표했음이 밝혀졌다. 그리고 아니나 다를까 이 회사에서 발표한 기사는 졸로프트를 독립적으로 연구한 기사보다 더 괜찮은 것으로 보이게 했다.[45] 이것은 제약회사들이 약품 판매를 촉진하기 위해 사용하는 전략 중 하나일 뿐이다.

그러나 현재 12세 이상의 미국인 중 11퍼센트가 항우울제를 복용하고 있는데, 이는 단지 교활한 마케팅 전략만으로 설명할 수 없는 현상이다. 이반 일리치Ivan Illich(1926~2002, 오스트리아 출신의 신학자이며 철학자)는 1975년에 출간한 『의학의 네메시스Medicine Nemesis』에서 "처방약 중독에 대해 제약회사들의 책임을 묻는 것은 불법 약물 사용에 대해 마피아를 비난하는 것과 같은 것"이라고 썼다.[46] 약물의 인기를 이해하기 위해서는 사람들이 직면하는 요구와 관련해 약물의 유용성을 고려할 필요가 있다. 끊임없는 경쟁에 바탕을 둔 오늘날의 이데올로기 속에서 사람들은 자신을 브랜드화·네트워크화하며, 사람들과 관계를 맺고, 기회를 찾기 위해 부단히 노력할 것을 요구받는다. 내재된 이러한 요구는 단순히 무시하기 어렵다. 강박적인 나르시시스트들이 증언하겠지만, 이러한 기대치에 부응하기는 힘들다. 충격적이든 아니든, 의약품은 사회적으로 참여하거나 일에 집중하는 등 주어진 기대에 부응하기 위해 고군분투하는 사람들에게 엄청나게 유용될 수 있다.

『더 나은 것: 미국 의학은 미국의 꿈을 만난다』에서 엘리엇이 설명하고 있듯이, 많은 약물 치료의 목적이 사람들이 직면한 다양한 사회적 요구에 대처하도록 돕는 것이지만, 이것은 의료 회사들이 너무 큰 소리로 말하지 않도록 조심해야 하는 사항이다. 1960년대 후반, 산도스 제약회사는 불안해하는 사람들이 다른 사람들과 어울릴 수 있도록 돕는 약인 세렌틸Serentil을 광고 선전하기 시작했다. "사람들과 어울리지 못하는 데서 오는 불안감을 없애기 위하여"라는 구호는, 불안해하는 사람들이 상사, 친구, 친척들을 더 잘 상대할 수 있도록 돕는다는 약속으로 읽힌다. 이 캠페인은 나중에 금지되었다. 엘리엇에 따르면, 이 광고는 이 약이 전적으로 어떤 의학적 상태를 치료하기 위해 고안된 것이 아니라 사람들이 사회적 압박에 대처하는 것을 돕기 위해 고안되었다는 점을 너무 노골적으로 밝혔다.[47]

오늘날, 행복이라는 환상을 얻기는 쉽지 않다. 그것은 인간으로서 진정성을 갖출 능력, 즉 인생을 최대한 즐기는 능력, 그리고 자신을 브랜드화하고 시장에 내어놓는 데 성공할 수 있는 능력을 전제로 한다. 이러한 가치들은 그 자체로 까다로울 뿐만 아니라 동시에 추구할 경우 서로 상충할 수도 있다. 그래서 일부 사람들이 더 능률적인 사람이 되고 전문가로 성공하기 위해 약에 의지하는 것은 놀랄 일이 아니다.

뛰어난 약물의 적합성

티모시 리어리에게는 LSD가 단순한 영적 경험 이상의 의미였다. 그 약은 그가 새로운 삶의 방식을 발견하고, 그의 어린 시절의 부르주아 관습에서 자유로워지도록 도왔다. LSD의 도움으로 그는 학교, 직장 및 가족의 요구에서 벗어날 수 있었다. 더욱 다행스럽게도 그는 LSD에 의지해 자라지 않아도 되었다. 그는 일할 필요가 없었다. 그는 (의식 상태를) 깨울 수 있었고, (주변과 조화롭게) 소통할 수 있었고, 그리고 (기존 틀에서) 벗어날 수 있었다. 그는 그냥 그럴 수 있었다.

2015년에 ≪바이스Vice≫의 한 기자는 1970년대 프랑스에서 제조되어, 1998년 FDA에서 기면증 치료제로 승인된 약물인 모다피닐을 시험적으로 사용해 보았다.[48]

다른 사용자들과 마찬가지로, 그는 집중력을 높이기 위해 그걸 복용했다. 그가 가장 먼저 깨달은 것은 담배를 피우고 싶지 않다는 것이었다. 그 대신 그는 '무척이나 일이 하고 싶어져서' 추가 업무를 맡기로 했다. 그는 본래 성실한 데다, 그리고 식욕도 없어 점심으로 피자를 먹은 후 평소처럼 산책을 하거나 식후 담배를 피우는 대신 책상으로 돌아와 일을 계속했다. 오후에 사무실을 찾은 그의 상사는 그의 업무 실적에 깊은 인상을 받았다. 그는 자신의 생산성을 방해하는 동료들에게 짜증을 느끼며 일을 계속했다. "평소 내가 즐겨 하고 홍보하는 일상적인 탁상 대화는 나에게가 아니라 나의 업무에 갑자기 더 심각하게 불쾌한 것으로 보였다"라고 그는 설명했다. 산책, 코미디 쇼 보기, 같이 흡연하기 등 평소 그가 즐겨왔던 모든 것이 이제 시간 낭비처럼 보였다. 그는 자신의 경험을 이렇게 요약했다.

> 모다피닐은 적어도 제가 먹어본 것 중에서 가장 재미없는 약일지 모르지만, 현대 생활의 무한한 생존경쟁에서는 의미가 있는 유일한 약이다. MDMA(일명 엑스터시)나 알약과 같은 사랑의 약들을 열렬히 환영했던 바로 그 젊은이들이 이제 아이러니하게도 단지 일을 사랑하게 만드는 모다피닐과 같은 약에 빠져 있다는 게 정말 이상하지 않은가?

미국 대학에서 모다피닐 같은 장시간 집중력을 향상시키는 여러 종류의 약물들이 크게 인기를 끌고 있다. 일부 설문 조사에 따르면 더 나은 성과를 내기 위해 일곱 명 중 한 명꼴로 이런 약들을 사용했다고 한다.[49]

이 학생들은 "기존 틀에서 벗어나라"라는 리어리의 조언에 동의하지 않는 것 같다. 오히려 그들은 점점 증가하는 요구와 압력에 대처하기 위해 불법 약물을 사용한다. 화학물질들은 마음을 탐색하는 데 사용되는 것이 아니라 특정 과업과 연결하는 데 사용된다. 이런 약들은 기득권층에 손가락을 세워 욕을 하고 선택적으로 탈퇴하려 하는 나르시시스트의 약이 아니라, 거기에 참여하기 위해 약을 삼키는 강박적 나르시시스트의 약이다. 이 약들은 더 생산적이고 더 경쟁적인 사람이 되는 데 사용된다.

아마도 LSD와 같은 환각제를 모다피닐과 같은 향정신성 자극제에 비교하는 것은 불공평할 수 있겠지만, 여기서 중요한 것은 약물 자체에 관한 것이 아니라 특정한 문화적 환경과의 관계에서 어떤 의미가 있는가이다. 모다피닐은 생산성 및 경쟁 담론과 관련해 중요해졌지만, LSD는 리어리의 벗어나기 환상과 관련해 그 의미를 얻게 되었다.

하지만 공교롭게도 최근에는 사람들이 더 생산적인 인간이 되기 위해 LSD로 실험을 해오고 있다. ≪롤링 스톤≫의 2015년 기사에서 우리는 스탠퍼드 대학교를 졸업한 25세의 켄Ken을 만났다. 그는 샌프란시스코 스타트업 기업에서 일하고 있으며, 창의력과 생산성을 높이기 위해 소량의 LSD를 섭취하고 있다. 이 기사에서 언급했듯이, "일부 전문가들은 일정한 양의 산성酸性 투여는 선택의 창의성을 향상하게 하는 요인이 된다고 주장했다"[50]고 한다.

진정성과 쾌락주의의 이상은 사회의 사슬에서 벗어나려는 시도로서 1960년대의 반체제 운동과 함께 등장하여 이제는 다른 것으로 변모했다. 대학생들이 도서관에서 길고 지루한 시간을 보내기 위해 성과成果를 향상시킬 약물을 사용하거나 창업 기업가가 창의력을 향상하기 위해 소량의 약물을 투여한다. 그들은 진정한 개성을 표현하려는 시도로 그렇게 하는 것도 아니고, 쾌락을 위한 방편으로 그렇게 하는 것도 아니다.

하지만 이것이 오늘날 기업과 의료기관에서 사용하는 언어이다. 우리는 일과 사업상에서의 모험은 개인이 자신을 표현할 수 있는 길이라고 들었다. 그리고 우리는 고용 가능성의 담론이 개인들에게 그들의 숨겨진 재능을 발견하게 하고 그것들을 세상에 내보이게 한다고 믿게 된다.

그러나 우리 모두는 이것이 신자유주의의 완곡어법이며, 불안정한 삶을 정상화하기 위해 고안된 것임을 알고 있다. 그리고 향정신성 약물의 사용에도 동일하게 적용되는 것처럼 보인다. 그것들은 자신의 진정한 자아를 발견하기 위해 사용되는 것이 아니라, 경쟁적 우위를 점하고, 자신을 더 생산적으로 만들고, 희망을 가지고 더 성공하는 사람이 되기 위한 수단으로 사용된다. 우리는 쾌락주의의 약속과 쾌락의 삶에서 멀리 떨어져 있는 것 같다.

일과 경쟁력뿐만 아니라 매 순간을 이용해 육체적이고 정신적인 만족을 추구해야 한다는, 문화에서 즐거움을 얻는 우리의 능력은 어떻게 되는가?

5장

즐거운 남자들

실제로 나 자신을 아프게 하지 않은 즐거움은 없어요.

필립 시모어 호프먼

포괄적인 즐거움

"여기는 낙원이야."

어머니는 진토닉이 담긴 플라스틱 잔을 들고 수영장 옆 일광욕용 선베드에 앉으면서 말했다. 그녀는 따스함을 즐기며 태양을 향해 눈을 가늘게 떴다. 때는 10월 말, 우리는 그날 아침 일찍 춥고 회색빛이 감돌던 스웨덴을 떠나 이곳 그란카나리아에 와 있었다. 내 딸은 사촌들과 수영장에서 놀고 있었다. 나는 빈 잔들이 놓인 쟁반을 집어 들고 흰 티셔츠와 빨간 반바지를 입은 구조 요원을 따라 수영장 구역을 가로질러 걸어갔다. 늦은 오후였고 투숙객들은 저녁 식사를 위해 옷을 갈아입으려고 그들의 호텔식 아파트 방으로 돌아가고 있었다. 기온은 섭씨 32도에 이르렀다.

나에게는 힘든 가을이었다. 할 일이 너무 많았다. 나는 일주일간의 휴양을 기대했다. 내 희망은 태양 아래 누워 책을 읽고 파도가 철썩이는 소리를 듣는 것이었다. 그러나 바다는 아주 가까운 거리에 있었지만 내가 누워 있는 곳에서는 파도 소리가 들리지 않았다. 그 대신에 내 뒤에 있는 스피커에서 흘러나오는 시끄러운 하우스 뮤직•을 듣고 있었다. 스무 명의 사람들이 고무 밴드로 그들 앞에 서 있는 민소매 셔츠를 입은 근육질 남성을 흉내 내며 수수께끼 같은 동작을 하고 있었다. 몇 분 후 한 젊은 여성이 마이크를 들고 수영장 가장자리로 걸어갔다. "5분 내로 수영장 경기가 시작됩니다. 나이에 상관없이, 가장 큰 물장구 놀이를 함께해요!"

나는 식당으로 가서 맥주를 한 잔 마시고는 내 선베드로 돌아왔다.

매년 300만 명 내지 400만 명이 휴가차 그란카나리아를 찾는다. 일과 우울한 날씨에 지친 그들은 일주일 후 햇볕에 그을리고, 기분이 상쾌해져 돌아가기를 희망하면서 황량하고 암울한 마음으로 그곳에 도착한다. 우리 가족도 마찬가지지만, 많은 방문객은 섬을 여행하고 문화를 탐방할 생각들이 없다. 그들이 원하는 것은 수영장 옆에 머물면서 여흥에서 오는 일종의 행복을 느끼고 무료 음료를 마시며 서서히 취하는 것이다. 일을 열심히 하는 여행 가이드들이 다양한 게임으로 아이들을 즐겁게 해주고 있는 동안 어른들은 요가, 스쿠버 다이빙, 테니스, 또는 내가 선호하는 아무것도 하지 않기 등 자신이 원하는 것을 뭐든 할 수 있게 홀로 남는다.

주말경 가족과 함께 누텔라 피자를 먹으며 한 레스토랑에 앉아

• 전자악기로 연주한 빠른 비트의 댄스 음악이다.

있을 때, 나는 이것이 사전에 포장된 쾌락주의의 가장 집약된 형태임이 분명하다고 생각하지 않을 수 없었다. 모든 것을 이용할 수 있었다. 아침부터 늦은 저녁까지의 오락, 다양한 음식을 제공하는 레스토랑들, 맥주와 와인과 칵테일이 있는 바. 그동안 태양은 가차 없이 내려쬐고 있었다.

이것이 바로 무제한의 쾌락주의에 바탕을 둔 행복이라는 환상이었다. 소비사회가 부상하기 전에는 칼리굴라 황제가 주최하는 악명 높은 만찬과 같은 작은 사석에서만 이런 일이 가능했다. 이 만찬에서는 손님들이 풍성한 이국적 음식을 대접받고, 노예들이 수행하는 라이브 섹스를 향응으로 받았다. 하지만 이제 이렇게 과도한 행위들을 평범한 삶에서 벗어나 일주일 동안 즐기고 싶어 하는 수백만 명의 서양인들도 이용할 수 있게 되었다.

쾌락 죽이기

필립 시모어 호프먼Philip Seymour Hoffman(1967~2014)은 비극적이고 이른 죽음을 1년 남짓 앞둔 2012년 12월에 루빈 미술관 무대 위에 등장해 철학자인 사이먼 크리츨리Simon Critchley(1960~)와 행복에 관해 토론했다.[1] 호프먼은 대화를 시작하면서 "사실 최근에 이 문제에 대해 많이 생각해 봤는데, 아무런 진전이 없었어요"라고 말했다. 토론에 더 깊은 이론적 수준을 부여하기 위해, 즉 크리츨리의 표현대로 "잠시 교수 노릇을 한" 이 철학 교수는 행복에 대한 하나의 뚜렷한 철학적 모델을 출발점으로 제시하면서 시작했다. "행복에 관해 생각하는 한 가지 방법은 행복이 즐거움이라는 것이고, 내가 바라는 바가 있다는 것입니다 ……." 크리츨리는 옆 보조 테이블에 놓여 있는 그의 테이크아웃 카페라테를 흘낏 본다. "…… 커피군요. 커피를 마시면 즐거워지고, 그 덕분에 행복해지죠." 호프만은 잠시 그 문제를 곰곰이 생각해 보다가, 이야기를 계속한다. "나는 분명히 즐거움이 행복이 아니라고 말하고 싶어요. 나는 즐거움을 죽여요 ……. 내가 너무 많이 마셔서 …… 커피를 너무 많이 ……. 그리고 당신은 가여워요 …….
내겐 실제로 나 자신을 아프게 하지 않은 즐거움은 없어요."

이 말들에는 오싹한 울림이 있다. 2014년 2월 2일, 호프먼은 자택에서 숨진 채 발견되었다. 왼팔에 주사기가 있었고, 경찰은 그의 아파트에서 거의 50개의 헤로인 봉지를 발견했다.[2] 그러나 호프먼이 행복에 관한 토론에서 즐거움을 죽인다고 말한 것은 단순히 자신의 개인적 문제에 대해 이야기한 것은 아니었다. 오히려 그는 우리에게 오랫동안 정신분석학자들이 일깨워준 즐거움의 특이한 측면, 즉 우리가 성취하기를 바라는 즐거움은 결코 우리가 얻는 즐거움만큼 훌륭하게 성취되지 않을 것이라는 점을 정확히 지적했다. 이것은 모든 것을 갖추고 있는 리조트에서 일주일 내내 엄청난 양의 진토닉을 직접 마시면서 배운 것이다. 며칠 동안 쉴 새 없이 즐긴 뒤 나는 기진맥진하기 시작했고, 목이 아팠다.

그러나 크리츨리가 '교수였을 때' 염두에 두었던 것은, 모든 것을 갖춘 리조트에서 제공되거나 호프먼이 언급했을지도 모르는 불법적인 물질을 통해 제공되는 쾌락주의적 과잉이 아니었다. 그가 염두에 둔 것은 쾌락이 "모든 선의 뿌리"이면서 "행복한 삶의 시작과 끝"이라는 쾌락주의 교리였다.[3] 에피쿠로스는 오늘날 즐거운 삶을 찬미했던 그리스 철학자로 일컬어지는 경우가 많다. 그러나 그가 쾌락을 행복에 이르는 길로 보았던 것은 사실이지만, 그의 이론은 종종 잘못 이해되고 있다. 그가 고취했던 쾌락과 쾌락주의 개념은 오늘날 우리가 즐거움과 연관시키는 것과는 거리가 멀다.

에피쿠로스는 기원전 341년에 그리스의 사모스섬에서 태어났다. 미국의 초기 비트족처럼 그는 청소년기 대부분을 다양한 일을 하며 전전했다. 그리스 전역을 돌아다니면서 잠시 군인으로 지냈고, 그다음엔 교사로 일하다가 기원전 306년에 마침내 아테네에 정착해 그곳에 정원Garden이라는 학교를 설립했다. 남아 있는 기록으로 보아, 그 학교는 정원에 놓인 긴 테이블 주위에 학생들이 둘러앉아 몇 시간 동안 먹고 마셔가며 철학을 토론하는 즐거운 장소처럼 보였다.[4] 이처럼 그는 자신이 설파한 것과 같은 철학적 원리에 따라 살았다. 그는 아테네의 사회정치적 삶에 필요 이상으로 참여하지 않고, 친한 친구들과 정원에서 가능한 한 많은 시간을 보내며 공부하고, 글을 쓰고, 생각하고, 토론하면서 모든 형태의 실질적인 책임을 교묘하게 회피했다. 에피쿠로스에게 단순한 쾌락은 가장 숭고한 것이기도 했다. 그는 음식과 술을 좋아했지만, 고기와 와인을 모두 피하면서 단순하고 절제된 식단을 유지했다.

구글에서 '쾌락주의'를 검색해 보면 반쯤 벗은 젊은이들이 해변에서 춤을 추거나 셔츠를 입지 않은 건장한 남성들이 튀긴 닭고기를 폭식하는 모습을 볼 수 있다. 에피쿠로스에게 이런 형태의 방종은 쾌락주의와는 아무런 관련이 없다는 점을 주목하면 흥미롭다. 그에게 삶의 한 방식으로서의 쾌락은 온갖 종류의 과잉을 피하는 것을 의미했다. 폭식은 물론이고 섹스와 중독은 그에게 진정한 행복의 길에서 벗어난 것이었다. 그는 메노이케우스Menoeceus에게 보낸 서신에서 이렇게 말했다. "내가 쾌락이 삶의 목표라고 말할 때, 나는 자유인의 즐거움이나 긍정적인 즐거움에 내재한 쾌락을 의미하는 것이 아니다."[5]

에피쿠로스는 바람둥이처럼 쾌락을 추구하는 것은 헛된 짓이라고 주장했고, 이런 이유로 훗날 정신분석학자들이 내세운 것과 같은 주장을 되풀이했다. 즉, 쾌락이 가져올 수 있는 것에 너무 큰 희망을 걸면 결국 불가불 실망하게 된다는 것이다. 더욱 나쁜 것은 순환적이고 파괴적인 쾌락 추구에 갇히게 될 것이라는 점이다. 에피쿠로스는 단순한 쾌락을 추구함으로써 자유를 얻을 수 있기 때문에 단순한 쾌락을 고수하는 것이 훨씬 더 좋은 전략이라고 생각했다. 인간으로서 성취할 수 있는 최선의 것은 두려움 없이 살아가며, 살아 있는 가장 소중한 지혜, 즉 선하고 즐거운 것은 성취하기 쉽고 나쁘고 고통스러운 것은 견디기 쉬운 것으로 받아들이는 것이다.[6]

이것은 낙천적인 인생관이며, 나는 그것에 끌린다는 점을 인정해야 한다. 때때로 술을 줄이고 야채를 더 많이 먹으면서 에피쿠로스처럼 살려는 노력을 해야 한다고 생각한다. 그러나 나는 이런 비전이 쾌락의 역설적 본질을 과소평가할지도 모른다고 주장하고 싶다. 에피쿠로스는 우리가 추구해야 할 욕망은 자연스럽고 필요한 것이라고 설명한다. 왜냐하면 우리가 음식을 먹음으로써 얻는 즐거움은 맛이 아니라 배고픔을 달래는 기본적인 기능에서 비롯되기 때문이다.

왼손에 마실 것을, 다른 손에는 피자 한 조각을 들고 모든 것이 갖춰진 리조트를 돌아다니면서, 나는 에피쿠로스가 무엇을 염두에 두고 있었는지 이해할 수 있었다. 오늘날의 소비사회에서는 먹을 수 있는 것뿐만 아니라 구매할 수 있는 모든 형태의 상품을 소비함으로써 쾌락을 추구하도록 훈련받고 있다. 그런데 사람들이 자급자족 생활을 위해 시골로 이사를 가든, 아니면 해독피정解毒避靜의 휴양지가 있는 외딴곳으로 떠나든, 쉬지 않고 즐길 수 있는 세계에서 벗어나고 싶어 하는 것은 놀라운 일이 아니다.

그러나 에피쿠로스 시대에는 밤새도록 문을 여는 가게가 많지 않았다. "우리는 많은 것을 가지고 있지 않을 경우에 대비해 작은 것을 즐기기 위한 목적으로, 식욕을 제한하는 것은 큰 이익이라고 생각한다"라고 그는 말한다.[7] 오늘날, 저녁에 간식을 먹고 싶다면 그것을 구하는 것은 그리 어렵지 않을 것이다. 그리고 초코바 또는 탄산음료, 심지어 맥주까지도 값비싸고 호사스러운 것이 아니다. 대다수 지역에서 이러한 품목들은 신선한 야채보다 저렴하다. 오늘날 경제력이 한정된 사람들이 걱정하는 것은 맛있는 간식의 공급이 아니다. 그들은 임대료를 내거나 전기 요금을 충당하는 것과 같은 좀 더 근본적인 필요성에 대해 걱정한다.

필립 시모어 호프먼이 "내겐 실제로 나 자신을 아프게 하지 않은 즐거움은 없다"고 말했을 때, 근본적으로 그는 역설적인 탐구로서 즐거움이라는 보편적인 질문과, 그리고 우리는 즐길 필요가 있다는 메시지를 우리에게 퍼붓는 소비사회의 방식 모두를 언급한 것처럼 보였다. 나를 포함해 다른 많은 사람과 마찬가지로 호프먼은 결코 쾌락을 통해 행복을 찾을 수 없었다. 그는 자신의 타고난 쾌락에 따라 자신의 삶을 통제하는 에피쿠로스의 예술을 습득하는 데까지 미치지 못했다. 그를 부검한 결과 헤로인뿐만 아니라 코카인, 벤조디아제핀, 암페타민의 흔적이 발견되었다.

남성적인 절망에 대한 간략한 사례 연구

그날, 저녁 식사를 하기 직전까지 정말 멋진 시간이었고, 기온도 조금씩 내려가 서늘해지기 시작했다. 나는 호텔식 아파트 방의 테라스에 아내와 앉아 카바를 마시고 있었다.

"여기서 가능하지 않은 유일한 것은 섹스겠군. 어쩌면 그런 장소가 있겠지만, 성생활이 자유분방한 커플을 위한 것일 거야"라고 내가 말했다. "그런 곳이 있어야겠지요. 그러나 상대는 성생활이 자유분방한 여성이 아니라 매춘부일 거예요"라고 아내가 말했다.

그때 나는 관광에 관한 책을 두어 권 쓴 프랑스 작가 미셸 우엘벡Michel Houellebecq(1958~)을 떠올리기 시작했는데, 그 책들 가운데 하나인 『플랫폼Platform』은 심지어 지금 내가 있는 곳인 란사로테에서 가까운 섬을 배경으로 한 것이었다. 그러나 그 책은 내가 2001년부터 염두에 두었던 것인데, 이 책에서 섹스 관광을 위해 태국으로 간 주인공 미셸은 관광 회사에서 일하는 여성과 사랑에 빠진다. 프랑스로 함께 돌아온 그들은 그녀가 일할 관광 회사를 찾기 위해 새로운 전략을 짠다. 그 전략은 전통적인 홀리데이 클럽 모델과 섹스 관광을 결합하는 것이다. 그 명칭과 슬로건은 "엘도라도 아프로디테Eldorador Aphrodite, 즉 쾌락은 권리이기 때문이다"였다.[8]

나는 내가 문학평론가의 관점에서 우엘벡을 읽지 않는다는 점을 강조해야 할 것 같다. 나는 그를 사회문화 비평가로 읽었다. 나는 대중문화에 관심이 있는 학자로서, 종종 사회과학을 생산하는 사람들은 학자들뿐만이 아니라고 생각한다. 내 생각에 우리 사회에 대한 가장 훌륭한 분석 중 일부는 소설가, 언론인, 영화 제작자에 의해 이루어지는데, 바로 사회학자 로저 버로스Roger Burrows(1945~)가 '사회과학 소설'이라고 부르는 것이다.[9]

우엘벡이 다음과 같은 논의에 흥미를 느끼는 이유는 즐겁게 지켜야 하는 불가피한 사회를 비판적으로 진단할 수 있는 그의 능력 때문이다. 그는 부를 축적할 권리와 쾌락을 누릴 권리가 보장된 오늘날의 소비문화에서 우리가 지지하는 도덕적 가치를 취한 다음, 이러한 가치들의 비극적인 이면을 밝혀낸다. 우엘벡의 작품에서 우리가 마주치는 세계는 무자비하고 절망적이며, 그의 반反영웅들은 때때로 그들의 성욕을 달래는 희망을 제외하고는 이 무자비성을 받아들이고 모든 희망을 포기함으로써 이 세상에 적응했다. 그가 1994년에 발표한 소설 『무엇이든지Whatever』에서 언급했듯이, "완전히 자유주의적인 경제체제에서 어떤 사람들은 상당한 부를 축적하고, 어떤 사람들은 실업과 불행 속에서 정체한다. 완전히 자유로운 성적 체계에서 어떤 사람들은 다양하고 흥미진진한 에로틱한 삶을 살고, 다른 사람들은 자위나 고독으로 전락한다."[10] 우엘벡을 읽을 때 우리는 에로틱한 삶을 즐기는 이들을 많이 보지 못하고, 그 대신 자위와 고독으로 전락한 패배자들을 만난다. 매력적이지 않고 자존감이 낮은 그들은 '자유주의적 성 시스템'에서 패배자다. 그러나 그들은 적잖은 소득을 얻는 백인 중년 남성으로서 '자유주의 경제 시스템'의 승자이기 때문에 적어도 어느 정도는 이러한 상황을 바로잡을 수 있다.

우엘벡이 1998년에 출간한 소설 『소립자Atomised』의 주인공답지 않은 주인공 브루노가 전 생애를 섹스에 몰두해 온 상황이 바로 그런 것이다. 이미 10대 시절에 그는 자신이 아는 여자아이들에게 거부당했고, 우리가 그를 만난 마흔두 살 때는, 발기가 '짧아지고 더 드물게' 되었으며, 그가 '슬픈 쇠퇴에 스스로 굴복한다'고 느낀다는 것을 알게 된다.[11]

나는 이 책을 자세히 검토할 작정이다. 왜냐하면 대안적인 세계의 한 비전인 1960년대의 낙관적인 특징부터, 경쟁으로 정의되는 문화 속으로 완전히 흡수된 오늘날에 이르기까지 행복이라는 환상에 대한 변화를 서술할 때 이보다 더 좋은 다른 텍스트를 생각할 수 없기 때문이다. 여기서 우리가 맞닥뜨리는 문제는, 만약 당신이 성에 매력을 느끼지 못하고 재미없다고 여긴다면 21세기에는 어떻게 성적 쾌락을 통해 행복을 추구할 수 있을 것인가이다.

브루노는 1950년대 후반에 자유분방한 히피족 엄마 제닌Janine이 낳은 두 형제 중 한 명이다. 그녀는 실제로 어머니가 되는 것보다

출산 경험에 더 관심이 많았기 때문에 브루노와 그의 어린 이부異父 동생인 미셸을 각각의 조부모에게 양육을 맡기는 것이 지극히 합리적이라는 것을 깨달았다. 모성의 고역에서 해방된 제닌은 어마어마한 모험을 계속할 수 있었다. 그녀는 캘리포니아로 옮기고 이름을 제인Jane으로 바꾼다.

『소립자』는 행복이라는 환상의 그림자 속에서 성장하는 것을 다룬 책이다. 브루노와 미셸의 어머니는 빌헬름 라이히와 프리츠 펄스가 고취한 진정성과 성적 쾌락이라는 두 가지 이상에 따라 그녀의 삶을 살아왔고, 그녀는 이 탐색적인 삶으로 후한 보상을 받았다. 그녀는 끊임없이 이어지는 젊은 연인들과 모험적인 삶을 살았다. 멀리서 보면 그녀는 행복해 보인다.

그러나 그녀의 아들들에게 현실은 끔찍하다. 행복해지려는 헛된 탐색 속에 그들은 다른 길을 떠났다. 미셸은 다른 사람들의 횡포로부터 멀리 떨어진 세계인 생물과학의 추상적인 세계에서 행복을 찾았고, 어느 정도 찾아냈다. 반면에 브루노는 아무것도 찾아내지 못했다. 우엘벡은 이렇게 쓰고 있다. "브루노의 유일한 인생 목표는 성적인 것이었다. 그리고 그는 지금 그것을 바꾸기에는 너무 늦었다는 것을 깨달는다."[12] 40대 초반에, 그는 힘들었던 어린 시절과 '끔찍했던' 청소년기를 되돌아본다. 미래는 여전히 암울해 보인다. 그의 세계 전체가 성적인 사랑을 중심으로 구성되었지만 그의 경험은 드물었고, 매춘부와 여성들에게만 한정되어 있었으며, 사실상 매력을 느끼지 못했다. 그럼에도 섹스는 어떻든 간에 그를 기분 좋게 만들었고, 그게 전부다. 그를 행복하게 할 수 있었던 유일한 방법이다.

"카나리아는 행복할까?" 우엘벡은 자신이 사용하는 용어에 대해 구체적인 정의를 내놓기 전에 책의 첫 쪽에서 평소와 같은 무심한 방식으로 묻는다. "행복은 혼취昏醉, 환희 또는 황홀경과 유사한 즐거운 성취에 대한 강렬하고 모든 것을 소비하는 감정이다."[13] 그것은 아마도 카나리아에겐 있을 수 없는 종류의 행복이다. 하지만 브루노에게도 그럴까? 아마도. 책의 한 부분에서, 그가 성관계를 하는 동안 그의 몸 전체가 행복으로 어떻게 '몸서리쳤는지'를 묘사한다.[14] 애석하게도 그것은 한 번뿐이었으며 잠깐의 경험이었다.

브루노는 행복이라는 환상의 도덕적 가치를 수용했다. 그는 프로이트의 표현대로 "성기性器 에로티시즘을 그의 인생의 중심점"으로 삼았다.[15] 그는 자신을 진실하고 멋있는 사람으로 보이게 하려는 열망으로, 염소수염을 기르고 가죽 재킷을 사서 입는다.

브루노의 성적 행복 추구의 비극은 그가 프랑스 서부에 있는 리외Lieu라는 가상의 에설런 연구소에 가기로 결정했을 때 절정에 도달한다. 이 연구소는 '진정한 유토피아'를 만들고 싶어 했던 68명의 전문가 그룹이 1975년에 설립했다. 1980년대에는 재정적인 어려움에 직면하면서 그들은 사업가들을 대상으로 자기계발과 긍정적인 사고에 관한 일련의 수련 과정을 제공하기 시작했다. 곧 그들은 IBM을 위시해 가장 크고 평판이 좋은 회사들을 많이 끌어들였다. 이제 수련 대상 집단은 인사 담당자이지만, 리외는 여전히 "쾌락주의자의 낙원이라는 명성을 유지했고, 이는 그들의 독특한 판매 포인트가 되었다".[16]

다른 참가자들은 행복해 보인다. 그들은 "활기찬 생활을 이어가며 쾌락을 추구하거나 개인적 잠재력을 개발하려고 노력"하고 있다.[17] 브루노는 자신도 같은 유형이 되길 바란다. 그는 심지어 프리츠 펄스의 게슈탈트 치료법의 에로틱한 버전인 '세심한 게슈탈트 마사지'를 포함한 다양한 코스에 등록한다. 그러나 이러한 활동에 참여한다고 해서 그가 성적으로나 영적으로 해방되지는 않는다. 그것은 단지 그의 우울감을 증가시킬 뿐이다. 매일 밤 그는 자신의 텐트에서 홀로 위스키를 마시며, 첫 페이지에 "쾌락은 권리다"라는 아이러니한 슬로건이 쓰여 있는 포르노 잡지를 보며 자위를 한다.[18]

우엘벡에게 성혁명은 공동의 유토피아가 아니었다. 그것은 '단지 개인주의의 역사적 부상의 또 다른 단계'였다.[19] 브루노는 그 세계를 다룰 준비가 되어 있지 않았다. 행복이라는 환상을 품는 것은 그의 어머니가 그랬던 것처럼 그에게 자신의 실패를 상기시킬 뿐이다. 그는 자신을 원하는 성적 파트너를 찾을 수도 없고, 자신을 멋지고 진실한 사람으로 다시 만들 수도 없다. 마침내, 그는 "자신을 중도 탈락자로 치부하려고 해도 소용이 없다"는 것을 깨닫는다. "나는 젊지도 잘생기지도 않았고, 확실히 멋있지도 않다."[20]

알파 남성의 즐길 권리

2017년 10월 7일 ≪플레이보이≫를 창간한 휴 헤프너Hugh Hefner(1926~2017)가 91세로 세상을 떠난 지 채 2주가 지나지 않아, 할리우드의 영화 제작자이며 감독인 하비 와인스타인Harvey Weinstein(1952~)은 수일 전 ≪뉴욕타임스≫에서 몇 차례 기사로 보도한 자신의 수많은 성폭력 혐의에 대해 반박하는 성명을 발표했다.

> 나는 사람들의 품행에 관한 평가와 직장에서의 모든 규칙이 달랐던 1960~1970년대에 성년이 되었다. 그때는 그것이 바로 문화였다. 나는 그 후로 사무실에서나 사무실 밖에서 그것이 변명거리가 아니라는 것을 깨달았다.

올리버 스톤Oliver Stone(1946~, 영화감독)과 우디 앨런Woody Allen(1935~, 영화감독)이 와인스타인을 구제하러 나섰지만, 이는 그가 결백하다고 대중을 설득하는 데 거의 도움이 되지 않았다. 저널리스트 웨슬리 모리스Wesley Morris(1975~)는 ≪뉴욕타임스≫에 이렇게 썼다.

> 그들이 목소리를 낼 필요를 느꼈다는 사실만으로도 성혁명에 대한 지속적인, 그러나 잘못된 신화를 구체적으로 설명해 주고 있다. 우리는 혁명적인 힘(연인들이 사랑하게 되고 그것이 전부인)이라고 헤프너의 제국을 낭만화했지만, 사실 그것은 특권의식의 통속화에 불과했다.[21]

헤프너가 1953년 매릴린 먼로의 나체 사진을 크게 다룬 ≪플레이보이≫ 창간호를 발행했을 때, 그 시대는 여전히 문화적으로 보수적이었다. 그러나 분위기는 빠르게 변했고, 이 잡지는 큰 반향을 불러일으키며 유명세를 떨쳤다. 매트 슈들Matt Schudel(≪워싱턴포스트≫ 칼럼니스트)은 헤프너 부고 기사에 이렇게 썼다. "그 잡지는 당시 충격적이었지만, 규모가 크고 수용력 있는 독자들을 신속히 발굴해 1960년대 성혁명의 주역이 되었다."[22]

헤프너의 죽음이 발표되고 5년여가 지난 후, 그는 더 이상 1960년대의 혁명가로 보이지 않았다. 실크 파자마와 목욕 가운을 입은 그는 가부장제 사회의 학대자 이미지로, 그리고 젊은 반라의 여성들이 마지못해 그를 둘러싸고 있는 늙은이의 이미지로 비쳤다. 로스 도댓Ross Douthat(≪뉴욕타임스≫ 칼럼니스트)은 헤프너 사망에 대한 호의적이지 않은 기사에서 이렇게 말했다. 헤프너는 "자위, 소비주의, 여성 착취로 부자가 된 포르노물 제작자 겸 판매자, 맹목적 애국주의자였으며, 선장 모자를 쓴 음흉한 괴물로 늙어갔다. 그는 포르노가 왕왕거리는 쇠락해가는 저택에서 한심하게 진탕 먹고 마시며 난잡하게 잔치판을 벌이다가 아무짝에도 쓸모없는 잡동사니에 파묻힌 쥐처럼 죽어갔다".[23]

그러나 헤프너의 유산은 여전히 살아 있다. 다른 사람들은 제쳐두고 실비오 베를루스코니Silvio Berlusconi(1936~, 네 번이나 총리를 지낸 이탈리아 언론 재벌)와 도널드 트럼프 또는 이 둘의 합성어인 트럼프스코니Trump + Berlusconi만 생각해 보자. 프랭크 브루니Frank Anthony Bruni (1964~, 미국 언론인)가 ≪뉴욕타임스≫에 쓴 소론에서 이야기했듯이, 이 두 사람은 "근본적으로 똑같은 사람"이다.[24] 이 점을 강조하기 위해 독자들은 이 두 사람 중 누가 무슨 말을 했는지 맞히는 퀴즈에 초대받았다. "어젯밤 침실 문 밖에 줄 지어 있었다"(베를루스코니), "내 손가락은 길고 아름다우며, 내 몸의 다른 여러 부분처럼 그것은 문서화되어 있다"(트럼프), "나와 다른 후보자들 사이의 유일한 차이점은 내가 더 정직하고 내 여자들이 더 아름답다는 점이라고 생각한다"(베를루스코니), "나와 다시 섹스를 하고 싶은지 물어보면 30퍼센트의 여성들이 '예'라고 답했고, 나머지 70퍼센트는 '뭘, 또다시'라고 대답했다"(베를루스코니).

빌헬름 라이히와 프리츠 펄스가 고취한 쾌락에 대한 권리는 헤프너와 트럼프스코니의 이미지에서 논리적 결론을 찾을 수 있다. 행복이라는 환상이 무너지기 시작하면서, 우리는 쾌락에 대한 권리가 사람들의 성적 탐구권과는 아무런 관련이 없다는 것을 알 수 있다. 예를 들어 완곡하게 표현하자면 트럼프도, 베를루스코니도 동성애를 호의적으로 생각하지 않는다. 아니, 쾌락을 누릴 권리는 "당신은 하고 싶은 일을 하고 도망갈 수 있다You can do what you want to do and get away with it"라는 슬로건에 잘 나타나듯 부유하고 힘 있는 사람에게만 주어진다.

이들은 자기비판의 여지가 없는 사람들로 무한한 나르시시즘의 감정을 발산한다. 역사가 엘리자베스 런벡Elizabeth Lunbeck은 계간지 ≪로스앤젤레스 리뷰 오브 북스Los Angeles Review of Books≫에 쓴 통찰력 있는 글에서 트럼프의 나르시시즘은 부담이 아니라 자원이 된다고 주장한다. 그는 사과할 필요도 없이 원하는 대로 할 수 있는 사람으로서 자신을 브랜드화하는 데 성공했다. 그가 사람들에게 제공하는 것은 그의 위대함에 참여하도록 하는 것이다. 트럼프를 이해하려면 그가 나르시시스트인지 아닌지에 관한 질문을 멈추고, 그가 "그의 추종자들과 연결하기 위해 그의 나르시시즘"을 어떻게 이용하는지 고찰하는 데서 시작해야 한다.[25]

행복이라는 환상은 (남을 너무 걱정하지 않고) 자기 자신 되기, (여성과 잠자리를 하는 형태로) 쾌락 추구하기, 자신의 경력을 통해 성공하기(권력자의 지위를 얻는 것)라는 개념과 결합하기 때문에 명백히 남성적인 환상이다. 그것은 자격, 자기 숙달과 이기적 축적에 기초한다. 그것은 자수성가한 사람의 이미지와 다른 사람들을 희생시키면서 위대해질 수 있는 능력에 집착하는 환상이다.

쾌락으로 행복을 누릴 권리는 라이히와 그의 행복에 관한 '남근' 이론으로 거슬러 올라갈 수 있다. 라이히에게 인간으로서 행복하고 성취감을 얻는 유일한 길은 오르가슴에 이르는 자신의 성행위 능력을 개발하는 일이다. 그가 1920년대에 처음으로 이 이론을 발표했을 때, 그의 동료 정신분석학자 중 일부는 그를 '생식기 나르시시스트'라고 부르기 시작했다. 라이히는 동료들의 이런 행동이 그들의 '성적 질투'와 "그들이 자신만큼 '강력'하지 않았다는 사실을 표현한 것에 지나지 않는다고 확신했기 때문에" 이 호칭을 불쾌하게 생각하지 않았다. 그는 트럼프스코니처럼 종종 오르가슴에 이르는 자신의 성행위 능력을 자랑스러워했다. 그는 15세 때 자신의 남근으로 매춘 여성과 영적인 결합을 경험했으며, 일기에 "내 온몸이 성기였다"며 그 경험을 기술했다.[26]

이 성기의 행복이라는 환상은 영적으로나 성적으로 사람을 해방하는 방법인 게슈탈트 치료법을 개발하도록 프리츠 펄스에게 영감을 주었다. 펄스는 70세의 나이로 에설런에 거주했을 때 '핫스프링스의 군사령관pasha of the hotsprings'으로 알려졌다. 터너에 따르면, "그는 '내 거시기를 빨고 싶니?'와 같은 인상적인 말로 여성들을 유혹해 성공했을 것"[27]이라고 한다. 라이히와 트럼프스코니처럼 펄스는 자신을 알파 남성으로 보았다. 그는 자신을 다형성多形性 변태라고 불렀고, 더러운 인간이자 여자 꾀는 전문가로 알려지는 것을 자랑스럽게 생각했다. 비록 그가 말했듯이 "첫 번째는 쇠퇴하고 두 번째는 상승세"이긴 하지만.[28]

우리가 우엘벡의 소설에서 보는 인물들과는 달리, 이들은 행복이라는 환상에서 큰 혜택을 입은 알파 남성으로, 행복이라는 환상을 "자신이 되라"(멍청이들)는 핑계로 사용하고, 동의 여부와 관계없이 즐거움을 추구하며 자신의 성격을 브랜드와 조화시킨다. 만약 행복이라는 환상이 이렇게 되었다면 이제 그것을 놓아주고, 트럼프스코니도 함께 내려가도록 내버려 둘 때가 되었다.

결론

내가 석탄 캐는 광부의 아들이었다면,

그 망할 광산을 떠났을 것이다.

도널드 트럼프

트럼프의 행복이라는 환상

2004년 1월 8일 NBC에서 방영한 〈견습생The Apprentice〉 첫 회는 상공에서 본 뉴욕의 인상적인 이미지로 시작한다. “맨해튼은 냉엄한 곳이야.” 화면이 고층 건물에서 자고 있는 노숙자로 바뀔 때 도널드 트럼프가 소리를 높여 말한다. “조심하지 않으면, 당신을 씹어 뱉어낼 수 있어.” 장면이 전환되고, 이번에는 커다란 저택이 나온다. “하지만 열심히 하면 크게 성공할 수 있어, 정말 크게.” 또다시 장면이 바뀐다. 트럼프는 리무진 뒷좌석에 앉아 카메라를 응시하며, 이 도시에서 가장 뛰어난 부동산 개발업자라고 자신을 소개한다.

그 이미지가 말하는 것은 자명하다. 나오미 클레인Naomi Klein(1970~, 캐나다 작가)은 그의 책에서 트럼프와 그의 ‘충격 정치’에 대해 이렇게 쓰고 있다. “당신은 노숙자가 될 수도 있고, 트럼프가 될 수도 있다.”[1]

그의 아메리칸 드림 버전에는 승자와 패자가 있었고, 트럼프는 승자였다. 그는 성공의 궁극적인 표현, 즉 행복이라는 환상을 성취한 사람이었다. 그는 결코 포기하지 않는다는 결심과 상상력을 활용할 수 있는 능력으로 열심히 일해 지금에 이르렀다. 1990년 ≪플레이보이≫와의 인터뷰에서 트럼프는 석탄 캐는 광부의 아들 이야기를 좋아한다고 말했다. "석탄 캐는 광부는 폐질환을 앓는데, 다음엔 그의 아들, 그다음엔 그의 손자가 앓습니다. 하지만 광부들 대부분은 광산을 떠날 상상을 하지 못합니다. 그들에겐 '그것'이 없습니다", "내가 석탄 캐는 광부의 아들이었다면, 그 망할 광산을 떠났을 것입니다".[2]

자수성가했다고 자부하는 트럼프는, 대학 졸업 후 가업을 잇기 시작했을 때 아버지를 통해 쌓은 인맥은 말할 것도 없고, 1974년에 물려받은 4000만 달러에 대해서도 거의 언급하지 않는다.[3] 트럼프에게 이런 것들은 순전히 부수적인 요소였고, 자신의 성공을 설명하는 데는 대체로 무관한 것이었다. 석탄 캐는 광부의 아들이었더라면 그는 상상력을 발휘해 광산을 떠났을 것이다. 그는 결국 리무진을 탔을 것이다.

'아메리칸 드림'이라는 용어는 역사가 제임스 트루슬로 애덤스 James Truslow Adams(1878~1949)가 1931년에 출간한 책 『아메리카 서사시The Epic of America』에서 처음 사용했다. 그는 그것을 "출생이나 지위의 우연한 상황과 무관하게 남자든 여자든 타고난 능력을 최대한 발휘해 다른 사람에게 인정받을 수 있는 사회질서의 꿈"이

라고 정의했다.[4]

그러나 트럼프식의 아메리칸 드림을 이해하려면 우리는 애덤스가 아니라 트럼프 가족과 절친한 친구였으며 1977년에 트럼프와 이바나Ivana의 결혼식 주례를 맡기도 했던 미국인 목사이자 동기부여 강연자 노먼 빈센트 필Norman Vincent Peale(1898~1993)에게로 눈을 돌려야 한다.

1952년에 출간한 고전적인 베스트셀러 『적극적인 사고의 힘The Power of Positive Thinking』에서 필은 사람들이 더 행복하고 더 성공한 삶을 영위할 수 있도록 돕는 간단하고 '실행 가능한 철학'을 제시한다. 기법은 간단하다. '기도하고, 마음에 그리고, 실천하라'[5]이다. 이 기법을 사용하면 여러분은 어떤 것이든 성취할 수 있으며, 패배를 극복하고 인생의 상황을 지배할 수 있다.

필은 트럼프처럼 늘 영웅 역할에만 몰두하며 사람들에게 일화를 들려주는 버릇이 있었다. 우리는 남편이 집에 있는 모습을 상상해 남편을 되살릴 수 있었다는 여성, 필이 텔레파시로 중독이 재발되지 않게 막아내 회복 중이라는 알코올 중독자, 주님께 "발가락을 원래대로 돌려"달라고 요청해 발가락을 고치는 한 남자의 이야기를 듣는다.[6] 필이 하는 이러한 이야기들은 심오한 진실, 즉 사실보다 태도가 더 중요하다는 것을 보여준다. 필은 "이러한 통찰력은 그 진실이 당신을 사로잡을 때까지 반복할 가치가 있다"라고 말을 잇는다.[7]

확실히 이 '진실'은 베르너 에르하르트가 세상에 희생자는 없었다고 말했을 때, 그를 사로잡았던 진실이다. 오프라 윈프리가 해고된 사람들을 축하하게 한 것도 같은 종류의 '진실'이었다. 영국의 TV 진행자 노엘 에드먼즈Noel Edmonds가 암이 나쁜 생활 태도로 인해 발생한다고 트위터에 주장하도록 대담하게 만든 것도 이 진실이었다.[8] 그리고 우리가 행복이라는 환상의 핵심에서 발견하는 것 역시 이 진실이다.

이 '진실'의 근본적인 잔인함을 포착하기란 쉽지 않지만, 2008년에 나온 다큐멘터리 영화 〈몰콤 북쪽 3마일Three Miles North of Molkom〉에는 주목할 만한 장면이 있다. 이 영화는 스웨덴의 뉴에이지 축제에 참석하는 이들의 모임을 카메라로 좇았다. 그들은 요가, 탄트라 섹스, 나무 껴안기, 달군 돌 걷기를 하며 함께 즐긴다. 그들은 또한 옐로 뱀부Yellow Baboo라고 불리는 잘 알려지지 않은 무술을 배운다. 자신을 방어하는 데 기氣를 사용하는 것이다.

강사가 인솔한 그룹이 해변에 서 있다. 강사는 "숨을 들이쉬고 에너지를 끌어내시오. 그리고 그것을 손에서 밀어내시오"라고 말한다. 그때 한 여성이 나타나 자리로 간다. 그녀는 될 수 있는 한 많은 기를 공기 중에서 몸속으로 모아 손을 통해 끌어낸다. 그녀를 클로즈업하자 초조함이 드러난다. 그녀는 불안하고 연약해 보인다. 강사가 빠른 속도로 달려온다. 뭔가 잘못됐다. 쿵! 그녀는 울면서 땅에 쓰러진다.

분명하지 않은 경우, 즉 당신의 손에서 보이지 않는 기를 쏘아내는 것은 다 큰 남자가 당신을 공격할 때 당신에게 도움이 되지 않을 것이다. 그리고 긍정적인 태도도 마찬가지다. 긍정적인 태도는 노숙자가 거리에서 벗어나 트럼프의 리무진으로 들어가는 데 도움이 되지 않을 것이다. 오랜 실업자가 보수 좋은 직장을 얻도록 도와주는 데 충분하지 않을 것이다. 그리고 그것은 암을 치료하지도 못할 것이다. 사실보다 태도가 더 중요하다고 말하는 것은 망상이며, 호주 연구자 집단은 이를 확인할 수 있었다.[9] 그들은 179명의 암 환자들에게 자신들의 낙천성을 평가하는 설문지를 작성해 달라고 요청했다. 나중에 환자가 사망했을 때, 연구원들은 낙천성과 생존 기간 사이의 연관성 여부를 알 수 있었다. 그런 건 없었다.

트럼프의 행복이라는 환상은 평범한 사람들이 자신의 꿈을 이루도록 격려하는 것이 아니라 착취와 심각한 불평등을 기정사실화하는 데 사용된다. 트럼프의 세계는 서로 잡아먹고 잡아먹히는 자본주의의 정글이다. 나오미 클라인은 〈견습생〉에 대한 글에 "매주 한 번씩" "자유시장 이론의 핵심인 판매 강도를 전달하면서 시청자들에게 가장 이기적이고 무자비한 면을 드러내면 당신은 실제로 영웅이 되어 일자리를 창출하고 성장을 촉진한다"고 썼다. "착하게 굴지 말고 킬러가 되어라. 그게 당신이 경제를 돕는 방법이야. 더 중요한 건 당신 자신을 돕는 일이지."[10]

라이히가 1960년대에 대규모 집단의 젊은이들에게 제시했던 '행복이라는 환상'은 통제, 학대, 지배로부터 자유로운 사회를 만드는 환상이었다. 현실은 환상보다 장밋빛이 덜했지만, 여전히 희망의 요소가 있었다. 반세기가 지난 지금, 그 희망의 잔재는 보기 어렵다. 트럼프에 의해 구체화될 때 진정성과 즐거움을 강조하는 행복감은 더 이상 매력적이지 않다. 이기적이고 무자비하며 남의 말을 귀담아듣지 않는다는 뜻인데 누가 진정 그렇게 되길 원하겠는가? 와인스타인과 트럼퍼스코니가 여성들을 꼬이기 위해 사용하는 즐길 권리를 누가 신뢰하겠는가? 그리고 저임금 노동자들이 그들의 일을 즐기는 것처럼 보이기 위해 보이게끔 하기 위해 진정으로 미소 짓도록 강요받는 것을 볼 때, 우리는 어떻게 일이 즐거움으로 가득 찬 진정한 삶으로 가는 길이라고 믿을 수 있겠는가?

프로이트와 라이히에서 올더스 헉슬리, 앨런 와츠, 티모시 리어리를 거쳐 베르너 에르하르트, 토니 셰이, 도널드 트럼프에 이르기까지 행복이라는 환상은 처음부터 끝까지 남성에 의해 표현되고 옹호되어 왔다. 이 책의 집필 과정에서 나는 남성들과 거듭 마주하며 좌절감을 느꼈고, 설명의 균형을 맞추기 위해 여성의 목소리를 적극적으로 찾고 있었다. 그러나 나는 남자들의 입을 열게 하는 게 더 낫고, 더 정직할 거라고 생각하며 포기했다. 결국 이것은 그들의 관심사를 충족시키는 환상이었다. 물론, 1960년대의 행복이라는 환상은 포괄적이었다. 이전에 침묵하던 목소리가 이제 포함되었다. 그럼에도 여성의 목소리는 억압되고 조작되었다. 제니 디스키가 자신의 저서 『1960년대』에서 우리에게 상기시켜 주듯이, 섹스는 더는 금기시되지 않았기 때문에 여자들이 '싫다'라고 말하는 것은 무례한 일이었다. "이기적으로 보이지 않는 누군가와의 성관계를 거절할 이유를 생각해 내는 것은 어려웠다."[11]

그래서 이 시기에조차 행복이라는 환상은 남근 숭배적 특징을 띠고 있었다. 그것은 극기, 진정성, 즐길 권리에 대한 환상이었다. 많은 남성이 섹스를 위해 그것을 활용했다. 처음부터 그것은 명성과 지위에 대한 환상이었다. 그 이후 1970년대와 1980년대에는 자신의 권력과 부를 얻고 활용하는 환상이 되었다.

우리가 행복이라는 개념의 기초가 되는 기본 가치에 의문을 제기하기 시작하면서, 우리는 이내 이런 식으로 살 필요가 없다는 것을 깨닫게 된다. 행복이라는 환상이 형성되는 것이다. 그것들은 특정한 시기에 존중되는 도덕적 가치의 집합체이다. 현재 부유한 서양에서 행복한 삶이라고 여기는 것은 고대 그리스나 중세에서 상상하고 추구한 것과는 전혀 다른 것이다. 행복이라는 환상의 미국판은 국경을 훨씬 넘어 여행했지만, 미국 텔레비전을 보고 미국 음악을 들으며 추운 북쪽에서 삶의 대부분을 보낸 나 같은 사람들에게는 영향을 미칠 수 있지만, 세계의 다른 지역에서 행복이 해석되는 것과는 다르다.

이러한 환상은 머릿속으로 구성된 것이긴 하지만, 1960년대와 1970년대처럼 자기실현과 즐거움의 환상이 단지 도덕적 이상이 아니라 도덕적 요구로 보일 때 자연스럽고 불가피한, 거의 불가사의한 능력을 지닌다. 다른 시기에, 라이히가 처음으로 성적 행복에 대한 개념을 홍보했을 때, 사람들 대부분은 이 환상을 의심스럽게 바라보았다. 나는 좋은 삶에 대한 환상이 안정과 불안정의 시기를 거치면 현재의 행복이라는 환상이 붕괴되기 시작하고 있다고 주장할 것이다. 가장 부유한 0.1퍼센트가 감세 혜택을 받는 동안, 미국의 많은 노동자와 중산층들은 생활에 어려움을 겪는다. 그들과 그리고 다른 많은 사람에게 행복이라는 환상은 매력을 잃어버렸다.

그리고 이것은 좋은 소식이다. 왜냐하면 그것은 우리가 진정성, 쾌락주의, 자기 억제의 낡은 숭배 환상을 넘어서 새로운 환상을 상상할 수 있다는 것을 의미하기 때문이다.

페미니스트의 행복이라는 환상

로리 페니Laurie Penny(1986~, 영국 칼럼니스트, 작가)는 ≪비치 독트린The Bitch Doctrine≫에 무료로 저녁 식사를 하는 음식 평론가와는 달리 페미니스트 작가들은 공짜로 살해 협박을 받는다고 쓴다. 그녀는 여성 작가로서, 자신의 분노가 정치적인 것이 아니라 성적으로 만족하지 못하는 능력에 대한 것이라는 말을 자주 듣는다고 설명한다. "나는 이 가설을 경험적으로 검증해 봤지만, 아직 요구 사항 목록이 있어요." 페니는 쓴소리를 한다. "그 목록의 꼭대기는 더 인간적인 세상입니다."12

예를 들어 조지 W. 부시 대통령의 우스꽝스러운 용어인 '온정적 자본주의'가 떠오르는, 기업인과 정치인 모두에게 인기를 얻은 단어에 너무 많은 중요성을 부여하는 것은 순진한 일일지 모르지만, 새로운 행복이라는 환상을 상상할 때 이곳•이 시작하기에 그리 나쁜 장소는 아닐 것이다. 그러나 그렇다고 하더라도, 현재와 같은 증오스럽고 잔혹한 풍토에서 우리는 확실히 좀 더 친절하게 행동할 수 있었다.

이런 방향으로 한 단계 나가는 것은 행복을 개인적인 추구로 생각하지 않는 것이다. 우리 자신을 극복하고 진지해져야 한다는 개념에 기초한 행복이라는 환상 대신에, 우리는 우리 자신을 잃고 진정하지 않은 행복이라는 환상을 상상할 수 있을 것이다. 우리는 결코 만난 적도 또는 안 적도 없는 사람들을 포함해 타인에 대한 우리

• 미국을 의미한다.

의 근본적인 종속성을 인정한다는 의미에서 자신을 상실하는 것이다. 철학자 주디스 버틀러Judith Butler는 그의 저서 『불안정한 삶In Precarious Life』에서 '취약성과 상실'을 바탕으로 한 공동체를 상상하는 강력한 사례를 제시하며, 상실은 사람들이 '우리'로 뭉치게 하는 변형적 효과를 나타낸다고 주장한다.[13]

더 안전한 곳에서 살기 위해 위험한 여행을 시작하는 난민이나 전기요금을 충당하기 위해 애를 쓰는 가난한 영국 가정, 또는 안정적인 일자리를 찾기 위해 공짜로 일하는 미국 졸업생들을 생각하든 않든 간에 오늘날의 세계에는 상실과 취약성이 넘쳐난다. 그들이 서로 다를지라도, 이러한 불안정성의 경험은 아마도 상호의존과 연대의 정신으로 함께 산다는 것이 무엇을 의미하는지에 대한 공유된 개념의 기초를 형성할 수 있을 것이다.

이와 같은 행복이라는 환상은 이기심보다는 공감을 전제로 한다. 옐로 뱀부 운동으로 해변 바닥에 누워 고통받는 여성, 실업자 또는 암 환자와 같이 취약한 사람들과 공감하는 것은 배타적인 것이 아니라 포용적인 것이다.

그것은 자아실현이라는 개인의 꿈이 아니라 더 온정적이고 평등하며 진실한 세계를 위한 집단적 요구에서 시작된 환상일 것이다. 올더스 헉슬리는 "누군가 다른 사람의 행복에는 묘하게 재미없는 어떤 것이 있다"라고 말한 적이 있다.[14] 나는 최근 린 시걸Lynne

Segal(1944~)의 책 『철저한 행복Radical Happiness』을 읽으면서 이런 문구를 떠올렸다. "페미니스트로서, 나는 항상 다른 사람들의 즐거움과 기쁨을 진지하게 받아들였다."15

트럼프와 달리 헉슬리는 인간의 차이를 사회의 훌륭한 자원으로 여겼지만, 그럼에도 매우 개인주의적인 행복 개념을 장려했다. 시걸이 그녀의 책에서 제시하는 것은 훨씬 더 매력적인 것이다. 우리가 자기실현 매뉴얼에서 발견하는 개인적인 행복이라는 환상 대신, 그녀는 기쁨을 공유한 경험을 바탕으로 한 정치적이고 집단적인 행복이라는 환상을 제시한다. 그녀는 코널 웨스트Cornel West(1953~)와 함께 기쁨이 개인주의적인 행복 개념에 영향을 줄 수 있다고 주장한다. 기쁨은 우리를 즉시 일상의 경험에서 벗어나게 하여 사랑, 친절, 연대와 같은 심오한 가치로 인도할 수 있다.

페미니스트의 행복이라는 환상은 다른 사람들의 행복과 취약점을 심각하게 받아들일 것이다. 그리고 미래에 대해 희망적이긴 하지만 세상의 상태, 인권 상태, 정의의 상태와 관련된 불편한 진리를 회피하지 않을 것이다.

그런 환상에 이끌려, 우리는 자신들의 개인적 변화와 진정성 추구에 자부심을 갖는 사람들(주로 남성들)에게 이제 더는 깊이 감동받지 않을 것이다. 우리는 다른 사람들을 희생시켜 자신의 개인적인 목적을 이기적으로 추구하는 사람들(주로 남성들)에게 보상하지 않을 것이다. 우리는 쾌락의 권리라는 이름으로 거의 전적으로 남성들이 저지르는 성폭력을 더는 용납하지 않을 것이다. 그리고 우리는 여성과 남성이 함께 시장가치만으로 정의되지 않는 새로운 생활방식과 일하는 방법을 마음속으로 그릴 것이다.

이게 순진하게 들리는가? 물론 그렇겠지. 하지만 누가 신경을 쓰기나 하나? 로리 페니의 말대로다. "당신이 미처 깨닫지 못했을지라도, 전쟁은 계속되고 있다. 전투의 장은 인간의 상상력이다."[16] 여기서 내가 마지막으로 하고 싶은 말은, 잔인하고 망상적인 것으로 거듭 판명된 환상을 고수하기보다 차라리 믿을 수 있는 불가능한 환상에 나 자신을 정서적으로 투자하고 싶다는 것이다.

감사의 글

완전히 새로 작업한 것이긴 하지만, 이 책은 부분적으로 이전에 출판된 논문 가운데 일부를 기반으로 하고 있다. 나는 이 책 서론을 2015년 7월 18일 자 ≪뉴욕타임스≫에 실렸던 나의 논문 「행복의 위험 Dangers of Happiness」에서 끌어다 썼다. 1장과 2장은 2015년 12월 3일 자 스웨덴 잡지 ≪아레나 Arena≫에 실렸던 나의 논문 「나르시시즘 100년 Hundra ar av narcissism」을 일부 이용했다. 2015년 9월 10일 자 영국 ≪가디언≫에 실렸던 나의 논문 「영감을 주는 온라인 이미지를 조심하십시오. 당신이 생각하는 것보다 더 교활할 수 있습니다 Beware Inspirational Online Image - They May be More Insidious Than You Think」의 일부를 2장에 이용했고, 3장에는 2015년 9월 10일 자 ≪더 애틀랜틱≫에 실린 나의 논문 「해방으로서의 9~5일 근무The 9 to 5 Workdays as Liberation」을 이용했다.

나의 여러 옛 논문을 이용해 이 책을 집대성할 수 있도록 참을성 있게 도와주신 발행인 파스칼 포셔론Pascal Porcheron에게 감사드린다. 피터 플레밍Peter Fleming, 미카엘 홀름크비스트Mikael Holmqvist, 예니 예거펠트Jenny Jägerfeld, 마이클 마리네토Michael Marinetto, 대린 맥마흔Darrin M. McMahon, 롤랜드 폴슨Roland Paulsen, 안드레이 스파이서Andre Spicer에게 감사드리며, 원고를 읽고 내게 귀중한 의견을 주신 익명의 한 평론가에게도 감사드린다. 훌륭한 편집을 해 주신 저스틴 다이어Justin Dyer에게도 감사드리고, 마지막으로 샐리, 에스터, 엘런에게 감사한다.

옮긴이의 글

2023년 2월 20일 통계청에서 발표한 「2022 국민 삶의 질 보고서」에 따르면, 2019~2021년을 기준으로 집계한 한국의 평균적인 주관적 삶의 만족도는 10점 만점에 5.9점으로, OECD 38개국 가운데 36위를 차지했다. 이는 OECD 평균치(6.7점)에도 한참 모자란 점수로, 한국보다 삶의 질이 낮은 회원국은 콜롬비아(5.8)와 튀르키예(4.7) 두 나라뿐이라고 했다. 또한 2021년의 한국인 자살률은 인구 10만 명당 26.0명으로 세계에서 선두를 달리는 것으로 나타났다.

그런가 하면 "국제 연구기관의 조사 결과로 영국 ≪이코노미스트≫에도 게재되었다"며 국토전략 TV에서 전한 '1990~2020년 전 세계 웰빙 국가 랭킹'에 한국이 일본, 스위스, 아이슬란드, 싱가포르, 노르웨이 다음으로 6위를 차지해 캐나다(8위), 스웨덴(9위), 프랑스(11위)보다 앞섰으며, 미국(27위)보다는 무려 21위나 앞선 것으로 나타났다. 물론 이 두 통계가 발표된 시점의 차이는 있지만, 삶의 질에 대한 한국인들의 주관적인 인식과 국제 연구기관에서 보는 객관적인 평가가 엄청난 차이를 보이는 데 놀라지 않을 수 없다.

그렇다면 행복한 삶은 도대체 어떤 삶을 말하는 것일까? 그리고 시대에 따라, 또는 문화에 따라 행복의 기준은 어떤 차이를 보였을까? 이 책 『행복이라는 환상』에서 얘기하는 서구에서의 '행복의 의미와 역사'를 잠깐 살펴보자.

고대 그리스인들이 에우다이모니아eudemonia 또는 eudaemonia라고 했던 행복한 삶은 "도덕적으로 살고, 이성에 따라 행동하며, 자신의 덕목을 연마하는 데 최선을 다하는 삶"이었다. 그래서 아리스토텔레스는 어진 삶을 사는 사람, 즉 착한 사람good person이 행복의 한 구성 요소가 된다고 말했다.

그다음에 등장한 쾌락주의자들Epicureans•은 쾌락에서 행복을 찾고, 그 후 등장한 스토아학파는 비록 삶이 매우 힘들고 고통스러울지라도 인간에게는 행복할 수 있는 역량이 있다고 주장한다. 훨씬 나중 시대인 중세 기독교 시대에는 쾌락을 완전히 배제하고 고통을 더 쓸모 있는 행로로 간주했으며, 비록 현세에서 행복한 삶을 살지 못하더라도 사후 세계에서 일종의 신성과의 결합을 성취할 수 있다며 참고 견디고 억제하는 것을 미덕으로 여겼다. 후세 사람들

• Epicureans: 이들은 단순한 쾌락주의자들(hedonists)이 아니라 "행복은 보리빵인 마자와 물 이상의 것을 필요로 하지 않는다"라고 말하는 에피쿠로스 추종자들이다.

은 이 시대를 암흑시대라며 끔찍해했다.

그 후 마침내 르네상스가 행복을 천국에서 지상으로 도루 가져왔고, 신이 아닌 인간이 진정한 주인이 되어 계몽주의 시대를 지났다. 그리고 마침내 토머스 제퍼슨이 「미국독립선언서」에서 “행복의 추구는 양도할 수 없는 권리”라고 당당하게 주장하는 시대가 되었다. 이른바 인간 개개인이 노력하고 추구하여 무언가를 이룩할 수 있는 것이 당연한 권리가 되는 시대가 되었으며, 생산적으로 일함으로써 일을 통해 행복을 찾는다고 가정하는 시대가 된 것이다. 다시 말해 현대인들은 ‘열심히 일하고 올바른 자세를 취하며, 자기계발을 위해 투쟁하는 사람들에게만 행복이 찾아온다’고 믿고 있는 것이다.

이 책은 행복학 개론 수준을 넘어 행복 철학을 논하고 있어 읽기에 좀 까다롭긴 하지만, 행복에 대한 주관적인 인식과 객관적인 평가 사이에 큰 간격이 있는 한국인이라면 꼭 한 번 읽어보아야 할 책이라고 생각한다.

미주

서론

1 Jeffrey J. Kripalj, *Esalen: American and the Religion of No Religion* (Chicago: University of Chicago Press, 2007).

2 Jenny Diski, *The Sixties*(London: Profile Books, 2010), p.9.

3 Diski, *The Sixties*, p.5.

4 Darrin M. McMahon, *Happiness: A History*(New York: Atlantic Monthly Press, 2006).

5 Daniel Bell, *The Cultural Contradictions of Capitalism*(New York: Basic Books, 1976).

6 Mark Fisher, *Capitalist Realism: Is There No Alternative?*(London: Zero Books, 2009). p.22, emphasis in original.

7 Paul Myerscough, 'Short Cuts', *London Review of Books*, 35(I), 3 January 2013.

8 Joan Didion, *Slouching Towards Bethlehem*(New York: Farrar, Straus and Giroux, 1968).

9 이 이야기는 부분적으로 애덤 커티스(Adam Curtis)의 다큐멘터리 <자아의 세기>의 세 번째 이야기에서 영감을 얻었다. 커티스는 거기서 빌헬름 라이히와 그의 인간 잠재력 운동의 영향, 그리고 나아가 베르너 에르하르트에 대해서도 살펴보고 있다. 커티스의 다큐멘터리와 이 책의 서술 사이에는 몇 가지 유사점이 있지만 나의 접근 방식은 커티스의 것과는 전혀 다르다. 커티스는 소비와 마케팅에 중점을 둔 반면, 나는 행복에 초점을 맞추어 그것이 어떻게 직장문화에 통합되어 불확실성에 근거한 신자유주의 주체성의 특정 버전을 형성하는 데 도움을 주었는지에 주목했다.

1장 빌헬름 라이히와 함께 침대에서

1 Wilhelm Reich, *Listen, Little Man!*(New York: Farrah, Strauss and Giroux, 1945/1974), p.26.

2 Philip Rieff, *The Trumph of the Therapeutic: Uses of Faith After Freud*(Chicago: University of Chicago Press, 1966/1987), p.155.

3 Jack Kerouac, *The Dharma Bums*(New York: Viking Press, 1958), pp. 73~74.

4 Reich, *Listen, Little Man!*, p.7, original emphasis.

5 Jackson Lears, *Fables of Abundance: A Cultural History of Advertising in America*(New York: Basic Books, 1994), p.189.

6 Alexis de Tocqueville, *Democracy in America*(New York: Doubleday, 1835-40/1969), ch. 34, p.516.

7 Christopher Turner, *Adventures in the Orgasmatron: How the Sexual Revolution Came to America*(New York: Farrar, Strauss and Giroux, 2011), p.113.

8 Reich, *Listen, Little Man!*, p.27.

9 Reich, *Listen, Little Man!*, p.29.

10 Reich, *Listen, Little Man!*, p.27. original emphasis.

11 라이히에 관한 이야기에서 나는 그에 대한 많은 자료, 특히 그의 저서, 일기, 편지를 참고했다. 그럼에도 불구하고 나는 크리스토퍼 터너(Christopher Turner)가 쓴 라이히에 대한 훌륭하고 풍요롭고 재미있는 전기 『오르가즈마트론의 모험(Adventures in the Orgasmatron)』(오르가즈마트론은 '오르가슴을 유도할 수 있는 가상의 장치'를 의미한다_옮긴이)를 언급할 필요가 있다. 나는 이 장 전체에서 이 전기를 자유롭게 아주 많이 참고했다.

12 Wilhelm Reich, *Passion of Youth: An Autobiography, 1897-1922*(New York: St. Martin's Press, 1983), p.54.

13 Sharaf R. Myron, *Fury on Earth: A Biography of Wilhelm Reich*(New York: St. Martin's Press, 1983), p.54.

14 Myron, *Fury on Earth*, p.57.

15 Myron, *Fury on Earth*, p.57.

16 Wilhelm Reich, *The function of the Orgasm*(New York: Pocket Books, 1927/1975), pp.5~6.

17 Sigmund Freud, 'Civilization and Its Discontents', *The Standard Edition of the Complete Psychological Works of Sigmund Freud, Volume SS1, 1927-1931*(London: Vintage, 2001), p.83.

18 Marry Higgins and Chester M. Raphael, eds, *Reich Speaks of Freud: Wilhelm Reich Discusses His Work and His Relationship with Freud*(New York: Farrar, Straus and Giroux, 1967), p.5.

19 Higgins and Chester(eds.), *Reich Speaks of Freud*, p.6.

20 Higgins and Chester(eds.), *Reich Speaks of Freud*, p.20.

21 Reich, *Passion of Youth*, p.6.

22 Turner, *Adventures in the Orgasmatron*, p.41.

23 Walter Benjamin, *One Way Street and Other Writings*(New York: Penguin, 2009), p.9.

24 Myron, *Fury on Earth*, p.58.

25 Turner, *Adventures in the Orgasmatron*, p.52.

26 Turner, *Adventures in the Orgasmatron*, p.57.

27 Turner, *Adventures in the Orgasmatron*, p.54.

28 Turner, *Adventures in the Orgasmatron*, p.52.

29 Wilhelm Reich, "The Impulsive Character," *Journal of Orgonomy*, 4(1)(1970), p.12.

30 Wilhelm Reich, "The Impulsive Character Part III," *Journal of Orgonomy* 5(1)(1971), p.10.

31 Reich, *The Function of the Orgasm*, p.85.

32 Turner, *Adventures in the Orgasmatron*, p.74.

33 Reich, *The Function of the Orgasm*, p.5.

34 Turner, *Adventures in the Orgasmatron*, pp.82~83.

35 Sigmund Freud, "The Future of an Illusion," *Standard Edition*, Vol.XXI, p.7.

36 Freud, "The Future of an Illusion," p.7.

37 Freud, "The Future of an Illusion," p.7.

38 Freud, "The Future of an Illusion," p.7.

39 프로이트와 니체의 관계에 대한 논의는 McMahon, *Happiness* p.441 참조.

40 Sigmund Freud, "Fixation to Trauma - The Unconscious," *The Standard Edition of the Complete Psychological Works of Sigmund Freud, Volume SVI, 1916-1917*(London: Vintage, 2001), p.285.

41 Higgins and Chester(eds.), *Reich Speaks of Freud*, p.44.

42 Sissela Bok, *Exploring Happiness: From Aristotle to Brain Science*(New Haven: Yale University Press, 2010), p.132.

43 Freud, "Civilization and Its Discontents," *Editor's Introduction*, p.60.

44 Higgins and Chester(eds.), *Reich Speaks of Freud*, p.44.

45 Higgins and Chester(eds.), *Reich Speaks of Freud*, p.44.

46 Freud, "Civilization and Its Discontents," p.76.

47 Freud, "Civilization and Its Discontents," p.76.

48 Freud, "Civilization and Its Discontents," p.76.

49 Freud, "Civilization and Its Discontents," p.77.

50 Freud, "Civilization and Its Discontents," p.68.

51 Sigmund Freud, "Psychotherapy of Hysteria," *The Standard Edition of the Complete Psychological Works of Sigmund Freud, Volume II, 1893-1895* (London; Vintage, 2001), p.305.

52 Rieff, *The Triumph of the Therapeutic*, p.30.

53 Reich, *Listen, Little Man!*, p.111.

54 Wilhelm Reich, *The Mass Psychology of Fascism*(New York: Farrar, Strauss and Giroux, 1933/1970), p.xv.

55 Mildred Edie Brady, "The Strange Case of Wilhelm Reich," *The New Republic*, 26 May 1947.

56 Turner, *Adventures in the Orgasmatron*, p.150.

57 Turner, *Adventures in the Orgasmatron*, p.178.

58 Rieff, *The Triumph of the Therapeutic*, p.130.

59 Turner, *Adventures in the Orgasmatron*, p.190.

60 Brady, "The Strange Case of Wilhelm Reich".

61 Myron, *Fury on Earth*, pp.362~363.

62 Myron, *Fury on Earth*, pp.364.

63 Mildred Edie Brady, "The New Cult of Sex and Anarchy," *Harper's*, April 1947, p.313.

64 Brady, "The New Cult of Sex and Anarchy," p.314.

65 Brady, "The New Cult of Sex and Anarchy," p.315.

66 Norman Mailer, *Advertisements for Myself*(Cambridge, MA: Harvard University Press, 1992), p.356.

67 Mailer, *Advertisements for Myself*, p.338.

68 Mailer, *Advertisements for Myself*, p.339.

69 Mailer, *Advertisements for Myself*, p.346.

70 Mailer, *Advertisements for Myself*, p.346.

71 Mailer, *Advertisements for Myself*, p.346

72 Walter Truett Adndetrson, *The Upstart Spring: Esalen and the Human Potential Movement: The First Twenty Years*(Lincoln, NE: iUniverse, 1983/2004), p.18.

73 Kripal, *Esalen*, p.36.

74 Kripal, Esalen, p.39.

75 Anderson, *The Upstart Spring*, p.19.

76 Anderson, *The Upstart Spring*, p.54.

77 Kripal, *Esalen*, p.85.

78 Suzanne Snider, "est, Werner Erhard, and the Corporatization of Self-Help," *The Beliver*, May 2003.

79 Turner, *Adventures in the Orgasmatron*, p.127.

80 Turner, *Adventures in the Orgasmatron*, p.128.

81 Turner, *Adventures in the Orgasmatron*, p.437.

82 Turner, *Adventures in the Orgasmatron*, p.438.

83 Kripal, *Esalen*, p.163.

84 Kripal, *Esalen*, p.163.

85 Turner, *Adventures in the Orgasmatron*, p.438~439.

86 리어스가 인용한 이름이 알려지지 않은 두 치료사가 말한 것이다(*Fables of Abundance*).

87 Eva Illouz, *Saving the Modern Soul: Therapy, Emotion, and the Culture of Self-Help*(Berkeley: University of California Press, 2008), p.157.

88 Christina Hoff Sommers and Sally Satel, *One Nation Under Therapy: How the Helping Culture Is Eroding Self-Reliance*(New York: St Matin's Press, 2005).

89 Illouz, *Saving the Modern Soul*, p.159.

2장 강박적 나르시시즘

1 Sheila Heti, *How Should a Person Be?*(London: Vintage, 2014), p.2.

2 Tom Wolfe, "The 'Me' Decade and the Third Great Awakening," *New York*, 23 August 1976,

3 Elizabeth Lunbeck, *The Americanization of Narcissism*(Cambridge, MA: Harvard University Press, 2014), p.83.

4 Sigmund Freud, "On Narcissism: An Introduction." *The Standard Edition pf the Complete Psychological Works of Sigmund Freud, Volume XIV, 1914-1916*(London: Vintage, 2001), p.90.

5 Rieff, *The Triumph of the Therapeutic*, p.26.

6 Steven Pressman, *Outrageous Betrayal: The Dark Journey of Werner Erhard from est to Exile*(New York: St Martin's Press, 1993), p.14.

7 Pressman, *Outrageous Betrayal*, p.15.

8 Pressman, *Outrageous Betrayal*, p.16.

9 Pressman, *Outrageous Betrayal*, p.37.

10 Pressman, *Outrageous Betrayal*, p.38.

11 Pressman, *Outrageous Betrayal*, p.76.

12 Pressman, *Outrageous Betrayal*, p.70.

13 Pressman, *Outrageous Betrayal*, p.71.

14 Pressman, *Outrageous Betrayal*, p.73.

15 Wolfe, "The 'Me' Decade and the Third Great Awakening".

16 Pressman, *Outrageous Betrayal*, p.77.

17 Pressman, *Outrageous Betrayal*, p.64.

18 Pressman, *Outrageous Betrayal*, p.77.

19 Peter Marin, "The New Narcissism," *Harper's*, October 1975, p.46.

20 Pressman, *Outrageous Betrayal*, p.18.

21 Pressman, *Outrageous Betrayal*, p.70.

22 Pressman, *Outrageous Betrayal*, p.18.

23 Pressman, *Outrageous Betrayal*, p.73.

24 Pressman, *Outrageous Betrayal*, p.71.

25 Nicole Aschoff, *The New Prophets of Capital*(London, Verso, 2015), p.85.

26 Napoleon Hill, *Think and Grow Rich*(New York: Aristeus Books, 1936/2014), p.22.

27 Philip Mirowski, *Never Let a Serious Crisis Go to Waste*(London: Verso, 2013), p.102.

28 Christopher Lasch, *The culture of Narcissism: American Life in an Age of Diminished Expectations*(New York: W. W. Nortion, 1979), p.85.

29 Ivor Southwood, *Non-Stop Inertia*(Alresford, Hants: Zero Books, 2011)

30 Lynne Friedli and Robert Stearn, "Positive Affect as Coercive Strategy," *Critical Medical Humanities*, 41(1)(2015), pp.40~47.

31 Michel Foucalt, *The History of Sexuality: The Will to Knowledge*(New York: Penguin Books, 1977), p.16.

32 Emily Gould, "Exposed," *New York Times Magazine*, 25 May 2008.

33 Byung-Chul Han, *The Transparency Society*(Stanford: Stanford University

Press, 2015).
34 Gould, "Exposed".
35 Foucault, *The History of Sexuality*, p.61.

3장 행복 주식회사

1 Charles Bukowski, *Factotum*(Boston: Black Sparrow Press, 1975), p.7.
2 Tony Hsieh, *Delivering Happiness: A Path to Profits, Passion and Purposes* (New York: Grand Central Publishing, 2010; unpaginated eBook).
3 Peter Waldman, "Motivate or Alienate? Firms Hire Gurus to Change Their 'Cultures'," *Wall Street Journal*, 24 July 1987.
4 Frank Rose, "A New Age for Business?," *Fortune*, 8 October 1990.
5 Rose, "A New Age for Business?"
6 Rose, "A New Age for Business?"
7 Gurnek Bains with Kylie Bains, *Meaning Inc.*(London: Profile Books, 2007), p.129.
8 Rose, "A New Age for Business?"
9 Snider, "est, Werner Erhard, and the Corporatization of Self-Help."
10 Landmark Forum, Website: http://www.landmarkworldwide.com/the-landmark-forum.
11 Susannah Butter, "Spiritual Capitalism? Global Fitness Brand Lululemon Comes to London," *Evening Standard*, 2 April 2014.
12 Gideon Kunda, *Engineering Culture: Control and Commitment in a High-Tech Corporation*(Philadelphia: Temple University Press, 1992), p.11.
13 Peter Fleming, *Authenticity and the cultural Politics of Work: New Forms of Informal Control*(Oxford: Oxford University Press, 2009).
14 David Gelles, "At Zappos, Pushing Shoes and a Vision," *New York Times*, 17 July 2015.

15 Hsieh, *Delivering Happiness*.

16 Letter of 12 August 1986: http://www.lettersofnote.com/2012/10/people-simply-empty-out.html.

17 Jay Stevens, *Storming Heaven: LSD and the American Dream*(New York: Grove Press), p.110.

18 Oliver Harris(ed.), *The Letter of William S. Burroughs, 1945-1959*(London: Penguin, 1993), p.51.

19 Raoul Vaneigem, *The Revolution of Everyday Life*(Oakland, CA: PM Books, 1967/2012), p. 40.

20 Luc Boltanski and Eve Chiapello, *The New Spirit of Capitalism*(London: Verso, 2005).

21 Joe Kelly, "Make Conflict Work for You," *Harvard Business Review*, July-August 1970, p.103.

22 Samuel Culbert and James M. Elden, "An Anatomy of Activism for Executives," *Harvard Business Review*, November-December 1970, p.132.

23 Andrew Ross, *Nice Work If You Can Get It: Life and Labor in Precarious Times*(New York: New York University Press, 2010).

24 Guy Standing, *The Precariat: The New Dangerous Class*(London: Bloomsbury, 2011), p.1.

25 Standing, *The Precariat*, p.23.

26 Jonathan Crary, *24/7: Capitalism and the Ends of Sleep*(London: Verso, 2013).

27 Rob Lucas, "Dreaming in Code," *New Left Review*, 62(2010), pp.125~132.

28 Byung-Chul Han, *The Burnout Society*(Stanford: Stanford University Press 2015), p.30.

29 Han, *The Burnout Society*, p.31.

30 Bertrand Russell, *The Conquest of Happiness*(London: Routledge,

1930/2006), p.146.

31 Russell, *The Conquest of Happiness*, p.147.

32 Miya Tokomitsu, *Do What You Love: And Other Lies About Success and Happiness*(New York: Regan Arts, 2015), p.6.

33 Myerscough, “Short Cuts”.

34 Tokomitsu, *Do What You Love*, p.148.

35 Tokomitsu, *Do What You Love*, p.75.

36 Han, *The Burnout Society*.

37 Juliet Schor, “Work Less, Live More,” *Yes*, 2 September 2011.

38 Jodo Kantor and David Streitfeld, “Inside Amazon: Wrestling Big Ideas in A Bruising Company,” *New York Times*, 15 August 2015.

39 Kantor and Streitfeld, “Inside Amazon”.

40 Kantor and Streitfeld, “Inside Amazon”.

41 Franco ‘Bifo’ Berardi, *Heroes: Mass Murder and Suicide*(London: Verso, 2015; Kindle edn), loc. 336.

42 Kantor and Streitfeld “Inside Amazon”.

43 Berardi, *Heroes,* loc.2142.

4장 행복감 높이기

1 You Tube, “Leonard Cohen Talks Happiness and LSD in 1966 Animated Interview”: https://www.youtube.com/watch?v=Qo WCxK76010.

2 Kripal, *Esalen*, p.251.

3 Kripal, *Esalen*, p.251.

4 Kripal, *Esalen*, p.319.

5 Anderson, *Upstart Spring*, p.72.

6 Kripal, *Esalen*, p.116.

7 Aldous Huxley, *The Doors of Perception*(New York: Harper and Row, 1954), p.53.

8 Carl Elliott, *Better Than Well: American Medicine Meets the American Dream*(New York: W.W. Norton, 2003), p.45.

9 Anderson, *Upstart Spring*, p.57.

10 Alan Watts, *The Joyous Cosmology: Adventures in the Chemistry of Consciousness*(Novato: New World Library, 1962/2013), p.7.

11 Watts, *The Joyous Cosmology*, p.17.

12 Watts, *The Joyous Cosmology*, p.21.

13 Watts, *The Joyous Cosmology*, p.xiv.

14 Watts, *The Joyous Cosmology*, p.x.

15 Timothy Leary, *The Politics of Psychopharmacology*(Berkeley: Ronin Publishing Inc., 2002), p.17.

16 *Anderson, Upstart Spring,* p.75.

17 Adam Smith, *The Powers of Mind*(New York: Random House, 1975), p.43.

18 Smith, *The Powers of Mind,* p.45.

19 *Thomas Szasz, Coercion as Cure: A Critical History of Psychiatry*(London: Routledge, 2009), pp. 211~12.

20 Leary, *Politics of Psychopharmacology*, p.13.

21 Thomas Szasz, *Pharmacracy: Medicine and Politics in America*(Westport, CT: Praeger Publishing, 2001), p. xxiii.

22 Norman Dain, "Critics and Dissenters: Reflections on 'Anti-Psychiatry'," in the United States', *Journal of the History of the Behavioral Sciences* 25(1)(1989), pp.3~25.

23 Thomas Szasz, *The Myth of Mental Illness: Foundations of a Theory of Personal Conduct*(New York: Harper & Row, 1961).

24 Szasz, *Pharmacracy*, p.77.

25 Joost A.M. Meerlo, *The Rape of the Mind: The Psychology of Thought Control, Menticide, and Brainwashing*(Eastford, CT: Martino Fine Books, 2015), p.35.

26 Meerlo, *The Rape of the Mind*, p.353.

27 Meerloo, *The Rape of the Mind*, p.43.

28 Meerloo, *The Rape of the Mind*, p.46.

29 Meerloo, *The Rape of the Mind*, p.43.

30 Ken Kesey, *One Flew Over the Cuchoo's Nest*(New York: Viking Press, 1962), p.34.

31 Peter Kramer, *Listening to Prozac: The Landmark Book About Antidepressants and the Remaking of the Self*(New Work: Penguin Books, 1993), p.4.

32 Kramer, *Listening to Prozac*, pp.7~8.

33 Kramer, *Listening to Prozac*, p.18.

34 Kramer, *Listening to Prozac*, p.10.

35 Kramer, *Listening to Prozac*, p.19.

36 Kramer, *Listening to Prozac*, p.20.

37 Elliott, *Better Than Well*, p.39.

38 Elliott, *Better Than Well*, pp.43~44.

39 David A. Karp, *Is It Me or My Meds? Living with Antidepressants* (Cambridge, MA: Harvard University Press, 2007), p.113.

40 Gary Greenberg, *The Book of Woe: The DSM and the Unmaking of Psychiatry*(London: Scribe, 2013), p.15.

41 Richard P. Benthall, "A Proposal to Classify Happiness as a Psychiatric Disorder," *Journal of Medical Ethics*, 18(1991), p.94.

42 Bentall, "A Proposal to Classify Happiness as a Psychiatric Disorder," p.97.

43 Greenberg, *The Book of Woe*, p.19.

44 Greenberg, *The Book of Woe*, pp.35~36.

45 Carl Elliott, *White Coat, Black Hat: Adventures on the Dark Side of Medicine*(Boston: Beacon, 2010), p.30.

46 Ivan Illich, *Medical Nemesis: The Expropriation of Health*(New York:

Patheon, 1975), p.24.

47 Elliott, *Better Than Well*, pp.xv~xvi.

48 Sebastian Serrano, "Taking the 'Smart Drug' Modafinil Made Me Love Work but Hate People," *Vice*, 7 October 2015.

49 Lizette Borreli, "1 in 7 College Students Abuse 'Smart Drugs' to Improve Concentration," *Medical Daily*, 14 November 2013.

50 Andrew Leonard, "How LSD Microdosing Became the Hot New Business Trip," *Rolling Stone*, 20 November 2015.

5장 즐거운 남자들

1 "Happy Talk: Simon Critchley + Philip Seymour Hoffman," Rubin Museum of Art, 17 December 2012: http://rubinmuseum.org/media center/happy-talk-simon-critchley-philip-seymour-Hoffman.

2 Ray Sanchez, "Coroner: Philip Seymour Hoffman died of Acute Mixed Drug Intoxication," *CNN*, 28 February 2014.

3 Epicurus, *The Art of Happiness*(New York: Penguin Classics, 2012), p.216.

4 Epicurus, *The Art of Happiness*, p.viii.

5 Epicurus, *The Art of Happiness*, p.325.

6 Epicurus, *The Art of Happiness*, p.327.

7 Epicurus, *The Art of Happiness*, p.324.

8 Michel Houellebecq, *Platform*(London: Vintage, 2003), p.256.

9 Roger Burrows, "Virtual Culture, Urban Social Polarisation and Social Science Fiction," in Brian D. Koader(ed.), *The Governance of Cyberspace* (London: Routledge, 1997), pp.38~45.

10 Michel Houellebecq, *Whatever*(London: Serpent's Tail, 1994), p.99.

11 Michel Houellebecq, *Atomised*(London: Vintage, 2001), p.73.

12 Houellebecq, *Atomised*, p.73.

13 Houellebecq, *Atomised*, p.13.

14 Houellebecq, *Atomised*, p.164.

15 Freud, "Civilization and Its Discontents," p.69.

16 Houellebecq, *Atomised*, p.127.

17 Houellebecq, *Atomised*, p.154.

18 Houellebecq, *Atomised*, p.118.

19 Houellebecq, *Atomised*, p.191.

20 Houellebecq, *Atomised*, p.70.

21 Wesley Morris, "Weinstein, Hefner and the Poor Excuse That explains a Lot," *New York Times*, 27 October 2017.

22 Matt Schudel, "Hugh Hefner, Visionary Editor Who Founded Playboy Magazine, Dies at 91," *Washington Post*, 27 September 2017.

23 Ross douthat, "Speaking Ill of Hugh Hefner," *New York Times*, 30 September 2017.

24 Frank Bruni, "La Dolce Donald Trump," *New York Times*, 18 July 2015.

25 Elizabeth Lunbeck, "The Allure of Trump's Narcissism," *Los Angeles Review of Books*, 1 August 2017.

26 Turner, *Adventures in the Orgasmatron*, p.83.

27 Turner, *Adventures in the Orgasmatron*, p.437.

28 Turner, *Adventures in the Orgasmatron*, p.437에서 인용.

결론

1 Naomi Klein, *No is Not Enough: Defeating the New Shock Politics*(London: Allen Lane, 2017), p.48.

2 Glenn Plaskin, "Playboy Interview: Donald Trump," *Playboy*, March 1990.

3 Amy Sherman, "Did Donald Trump Inherit $100 Million?," *Politi Fact*, 7 March 2016.

4 James Truslow Adams, *The Epic of America*(New York: Little, Brown, and Co., 1931), p.404.

5 Norman Vincent Peale, *The Power of Positive Thinking*(New York: Fireside, 1952/2003), p.45.

6 Peale, *The Power of Positive Thinking*, p.99.

7 Peale, *The Power of Positive Thinking*, p.10.

8 Carl Cederstrom, "No Deal, Noel Edmonds. Positive Thinking Can't Cure Cancer," *Guardian*, 8 June 2016 참고.

9 Penelope Schofield, David Ball, Jennifer G. Smith, Ron Borland, Peter O'Brien, Sidney Davis, Ian Olver, Gail Ryan, and David Joseph M.D., "Optimism and Survival in Lung Carcinoma Patients," *Cancer*, 100(6) (2004), pp.1276~1282.

10 Klein, *No Is Not Enough*, p.48.

11 Diski, *The Sixties*, p.61.

12 Laurie Penny, *Bitch Doctrine: Essay for Dissenting Adults*(London: Bloomsbury, 2017: Kindle edn), loc.126.

13 Judith Butler, *Precarious Life: The Power of Mourning and Violence* (London: Verso Books, 2004), p.20.

14 Aldous Huxley, "Cynthia," in *Limbo: Six Stories and a Play*(London: Chatto & Windus, 1950), p.247.

15 Lynne Segal, *Radical Happiness: Moments of Collective Joy*(London: Verso Books, 2017; Kindle edn), loc.51.

16 Penny, *Bitch Doctrine*, loc.23.

지은이 **칼 세데르스트룀**(Carl Cederström)

스톡홀름 대학교의 경영대학원 부교수로, 『웰빙 증후군(The Wellness Syndrome)』을 포함해 6권 책의 공동 저자 또는 공동 편집자이다. ≪뉴욕 타임스≫, ≪가디언≫, ≪애틀랜틱≫에 자주 글을 쓴다.

옮긴이 **이종삼**

부산대학교 영문 및 대학원 영문과를 졸업했고, 대기업 간부를 거쳐 현재 번역가로 활동 중이다. 옮긴 책으로는 『소용돌이의 한국정치』, 『밀레니엄의 종언』, 『미국개조론』(이상 공역), 『읽는다는 것의 역사』, 『강대국 일본의 부활』, 『나쁜 유전자』, 『한미동맹은 영구화하는가』, 『누가 선발되는가?: 하버드, 예일, 프린스턴의 입학사정관제 — 사례편』, 『모두가 알아둬야 할 21세기의 인도』 등 다수가 있다.

행복이라는 환상

지은이 **칼 세데르스트룀** | 옮긴이 **이종삼**

펴낸이 **김종수** | 펴낸곳 **한울엠플러스(주)** | 편집책임 **최진희**

초판 1쇄 인쇄 **2024년 3월 15일** | 초판 1쇄 발행 **2024년 4월 5일**

주소 **10881 경기도 파주시 광인사길 153 한울시소빌딩 3층**
전화 031-955-0655 | 팩스 031-955-0656 | 홈페이지 www.hanulmplus.kr
등록번호 **제406-2015-000143호**

Printed in Korea.
ISBN 978-89-460-8292-2 03190

* 책값은 겉표지에 표시되어 있습니다.
* 이 책에는 코펍체, 광양체가 사용되었습니다.